Retrato em branco e preto

Dados Internacionais de Catalogação na Publicação (CIP)
(Câmara Brasileira do Livro, SP, Brasil)

Pereira, Angelo
Retrato em branco e preto / Angelo Pereira. – São Paulo : Summus, 2002.

ISBN 85-86755-33-8

1. Adoção 2. Adoção – Aspectos psicológicos 3. Crianças adotadas 4. Filhos de pais gays 5. Pais gays 6. Pereira, Angelo I. Título.

02-0749 CDD-305.90664

Índices para catálogo sistemático:

1. Adoção de filhos : Pais gays : Sociologia   305.90664
2. Pais gays : Adoção de filhos : Sociologia   305.90664

Compre em lugar de fotocopiar.
Cada real que você dá por um livro recompensa seus autores
e os convida a produzir mais sobre o tema;
incentiva seus editores a traduzir, encomendar e publicar
outras obras sobre o assunto;
e paga aos livreiros por estocar e levar até você livros
para a sua informação e entretenimento.
Cada real que você dá pela fotocópia não-autorizada de um livro
financia um crime
e ajuda a matar a produção intelectual.

Retrato em branco e preto

Manual prático para pais solteiros

ANGELO PEREIRA

Copyright © 2002 by Angelo Pereira
Direitos adquiridos por Summus Editorial Ltda.

Projeto gráfico e capa: **BVDA / Brasil Verde**
Editoração eletrônica: **Acqua Estúdio Gráfico**
Editora responsável: **Laura Bacellar**

Edições GLS
Rua Itapicuru, 613 cj. 72
05006-000 São Paulo SP
Fone (11) 3862-3530
e-mail: gls@edgls.com.br
http://www.edgls.com.br

Atendimento ao consumidor:
Summus Editorial Ltda.
Fone (11) 3865-9890

Vendas por atacado:
Fone (11) 3873-8638
Fax: (11) 3873-7085
e-mail: vendas@summus.com.br

Impresso no Brasil

A
Socorro Brito, minha psicanalista,
a quem paguei caro até ter coragem de contar
esta história, assim como está,

e

Pedro Paulo,
sem cujo auxílio e oportunas intervenções, este
texto teria sido terminado na metade do tempo.

SUMÁRIO

Apresentação de Siro Darlan 9

Prefácio de Eduardo Jardim 11

1. O que tinha que ser 13
2. O bolo da raiva 21
3. Canção de ninar 31
4. Primeiros cuidados 39
5. Que sufoco! 43
6. Freud explica 55
7. Militante, eu? 75
8. A cada dia seu mal 81
9. Sobrevivente 85
10. Poema 91
11. Bibliografia 95

RECEITAS

Bolo de milho simples — 26

Sopa fria de pepino com iogurte e hortelã — 38

Fígado no disfarce — 40

Pudim de aipim lua-de-mel — 53

Filé de salmão no gengibre — 70

Peito de frango com espinafre — 80

Frango assado do amor — 89

APRESENTAÇÃO

Pedro Paulo era um menino triste que vivia no Educandário Romão de Matos Duarte, antiga Casa da Roda, que abriga quase duas centenas de crianças que como ele haviam sido abandonadas por suas famílias. Famílias? Cada dia de visitas era um dia de angústia e falsas expectativas. Os adultos o seguravam no colo, achavam-no bonitinho, engraçadinho e logo iam embora deixando um rastro de frustração, logo substituída por uma tristeza infinita que só se desfazia com o carinho das freiras que o embalavam até dormir.

Num dia de visitas, entrou no educandário um anjo que olhou o menino e disse: "Não fiques mais triste que logo terás uma família e sua tristeza dará lugar a uma luminosidade que não mais se apagará. Terás uma referência e um nome de família que te permitirá exercer na sua plenitude sua cidadania e serás muito amado". Nesse instante secaram-se suas lágrimas e um sorriso se abriu nos seus lábios. Pedro Paulo finalmente teria uma família após dois anos de institucionalização e abandono.

Angelo desafiou o preconceito e fez prevalecer a letra da lei que diz: "Podem adotar os maiores de vinte e um anos, *independentemente de estado civil*". E Angelo se tornou o pai de Pedro Paulo e este, finalmente, foi liberto do estado de prisioneiro de uma entidade de abrigo em razão do abandono e da pobreza e ganhou uma família. Bendito o anjo que salvou Pedro Paulo de seu estado de sofrimento e abandono e agora dá a todos os leitores o testemunho de um amor que liberta através da adoção.

Hoje Pedro Paulo tem um pai que o ama, é sua referência, sua família, que lhe deu um nome. A adoção tem sido um caminho de valorização da criança como ser humano em processo de desenvolvimento, e a grande alternativa para aquelas que são abandonadas por seus pais biológicos. Vida longa para Angelo e Pedro Paulo e que este livro seja um estímulo a novas adoções e novas uniões que levem à felicidade das pessoas que se amam, seja por gerarem seus filhos, seja por adotarem-nos.

Siro Darlan de Oliveira
Juiz da Primeira Vara da Infância e da Juventude
do Estado do Rio de Janeiro

PREFÁCIO

Retrato em branco e preto traz o depoimento de Angelo Pereira sobre sua experiência dos últimos anos. Há quatro anos, já quase chegando aos quarenta, gay assumido, num gesto que nem o próprio Angelo entende completamente, ele resolveu adotar um menino magrinho, fraquinho, por quem foi, de cara, tomado de grande ternura.

O relato do que sucedeu em seguida constitui o fio condutor deste pequeno e precioso livro. Ele descreve as mil peripécias do autor às voltas com sua nova vida. A invenção de um novo lar, a reticência dos amigos, a indignação da família, as complicações da burocracia, o trato com os médicos e com a escola, os preconceitos que surgem de todos os lados, a descoberta de um sentimento nunca experimentado e também uma espécie de sentido de responsabilidade que antes não existia – tudo isso é passado em revista em um texto seguro, muito claro, livre de sentimentalismos e clichês, cheio de simpatia, que envolve o leitor do início ao fim. Tudo intercalado com deliciosas receitas de cozinha inventadas pelo autor!

O livro interessa, inicialmente, ao esclarecimento do complexo problema da adoção que, felizmente, nos dias de hoje, apresenta-se cada vez mais urgentemente. De modo mais específico, ele enfoca o tema da adoção em famílias não-convencionais, como é o caso da comunidade gay.

Sem fazer alarde e sem precisar recorrer a teorias complicadas, o livro de Angelo Pereira aborda aspectos centrais do estilo de vida e dos desafios da nossa época. Como é sabido, nas últimas décadas mudanças importantes ocorreram no campo da sexualidade e no contexto da vida familiar. Elas se deveram ao fato de as duas experiências – da sexualidade e da família –, que sempre se mostraram tão coesas, estarem agora desarticuladas.

A ruptura do vínculo necessário entre a experiência sexual e a familiar, por um lado, liberou a invenção de formas diversas de viver a sexualidade, fato que não se via há séculos na nossa cultura. A diversidade sexual é hoje característica dos espaços urbanos. Por sua vez, o formato da família já não se subordina às estritas exigências da reprodução biológica. Estamos acostumados, hoje, a freqüentar famílias que não mais se resumem às figuras do pai e da mãe naturais e de seus filhos.

Era de se esperar que nesse novo cenário também a experiência da paternidade sofresse alterações. Quando Angelo Pereira insiste em que ser bom pai não depende de ser hetero ou de ser gay, que o sentimento da paternidade pode ser vivido na sua plenitude fora do núcleo familiar tradicional, quando ele relata o funcionamento da sua casa, caótico para os padrões usuais, ele está apenas experimentando – é verdade, de forma vanguardista – as possibilidades da nossa época.

Quando Angelo buscou Pedro Paulo no orfanato, ele não tinha em mente resolver o problema do menor carente e mal sabia das interpretações sociológicas da nossa época. Seu gesto era apenas amoroso, e resultava de experiências em sua vida cujo significado completo nem é conhecido. Depois ele descobriu que, se contasse sua história, outros corações poderiam ser tocados e, quem sabe, outras crianças seriam resgatadas. Percebeu também que seu depoimento ajudava a sinalizar mudanças importantes na mentalidade e nas formas de vida da atualidade. Por esses motivos resolveu escrever este livro, cuja qualidade literária vai ser a garantia do seu sucesso.

Eduardo Jardim

1
O que tinha que ser

I

Conheci meu filho, Pedro Paulo, no Educandário Irmão Romão de Mattos Duarte em meados de abril de 1997, no Rio de Janeiro. Eu já morava neste apartamento havia cinco anos, passava na porta daquele casarão todos os dias a caminho da estação do metrô do Flamengo e nunca tive a curiosidade de entrar. O "Romão Duarte", como é conhecido pela comunidade, e que também já se chamou Casa dos Expostos, é uma instituição subordinada à Santa Casa de Misericórdia do Rio de Janeiro e se dedica a cuidar de menores abandonados ou em situação de risco na companhia de seus pais. Possui também creche e escola primária para filhos de mães carentes que trabalham. Trata-se de uma construção imponente de quatro andares em estilo neocolonial, pintada de amarelo, erigida há cento e vinte anos no alto de uma colina, cuja entrada hoje se situa à rua Paulo VI, no bairro do Flamengo. Na época eu ainda não tinha uma idéia concreta se gostaria ou não de ter um filho, mas sempre fui aberto à possibilidade; acho até que eu nunca havia pensado seriamente sobre isso. Por mais curioso que possa parecer, o fato é que logo na primeira visita que fiz àquela instituição, a primeira criança que me chamou a atenção num grupo de umas quinze foi aquele menino franzino de pele *parda* (consta da certidão de nascimento original), que contava então um ano e quatro meses de idade. Foi amor à primeira vista. Quando conto como foi nosso encontro, muitas pessoas vêem aqui uma prova cabal de nossa ligação em outras vidas. Mas eu, que infelizmente só acredito no que vejo e mesmo assim olhe lá, já parei de especular os porquês e ainda hoje acho que foi só uma linda coincidência.

Ele já estava morando ali há pouco mais de um ano. Aos seis meses havia sido "confiscado" da mãe que, infelizmente, não tinha estabilidade financeira nem saúde física e mental para ficar com ele. Ele havia sido retirado de sua companhia enquanto ainda vivia ao relento pelas ruas do centro do Rio de Janeiro.

Pelo que ouvi dizer, um dia um homem passou pela calçada onde o menino dormia, parou e percebeu que ele tinha febre, encaminhou-o com a mãe para um hospital público, onde se verificou que ele estava desidratado, desnutrido, com pneumonia dupla e tinha uma pequena ferida na região occipital do crânio. Ou seja, o menino mal acabara de chegar e já se encontrava na rampa de lançamento. Essas coisas eu li no dossiê que o juizado mantém sobre cada criança recolhida nas instituições. Depois, pesquisando, descobri que a região occipital fica pouco acima da nuca.

Quando perguntada sobre a origem do ferimento, a mãe não soube responder. Alcoolizada e sem residência fixa, perdeu temporariamente a guarda do menino. Do próprio hospital ele foi encaminhado ao educandário, através de uma ação do Ministério Público. Durante o período em que lá permaneceu, ela o visitou duas ou três vezes, em péssimo estado. Oficiosamente, no entanto, descobri que ela alegava não ter dinheiro para o ônibus. As datas dessas visitas constam nos autos do processo de adoção. A promessa havia sido de que o garoto ficaria sob os cuidados e proteção do Estado até que ela se reerguesse, passasse por um programa de reabilitação e voltasse sóbria, trabalhando e morando em algum lugar para novamente poder ter sua guarda. A pobreza, sozinha, obviamente não desqualifica ninguém da função de ser pai ou mãe. O fato é que abandonou duas vezes a fazenda-modelo onde cumpria o programa e voltou às ruas. O acaso fez com que eu conhecesse o menino nesse meio tempo. Quero dizer que nunca vi a tal senhora, não a conheço pessoalmente, e tudo o que sei é de ler e ouvir falar.

O que senti ao abraçar aquela criança não consigo explicar. Foi um tipo de emoção que até então eu não conhecia. Em instantes vi passar diante dos meus olhos um filme em preto e branco da minha vida, que não causaria inveja a ninguém, e me veio a certeza de que tudo aquilo estava para mudar radicalmente.

Fiz uma visita de mais ou menos duas horas. A tarde zumbia de um calor tão ardente que fazia tremer a imagem refletida no asfalto. Supus que o menino estivesse morrendo de sede, pois de sua fronte descia um filete de suor que empapava sua camiseta. Pedi à funcionária uma caneca d'água. Ele bebeu tudo avidamente, água escorrendo por todo lado. Ele estava visivelmente abaixo do peso ideal, e não sorriu nem chorou. Apático, não emitiu nenhum som, mas pensei ter lido no seu rosto um sinal de muito obrigado. *(Será que o calor me afetou?)*

Saí dali todo molhado e com uma sensação esquisita, mas mais do que isso eu tinha agora a clara certeza de que havia encontrado meu filho. Lembro-me de tê-lo tomado nos braços andando pela sala e ir dizendo baixinho que algo grande estava para começar em nossas vidas. "Eu vou dar um rumo à sua vida e você vai mudar o rumo da minha."

Naquela noite não preguei o olho, mas como eu já não dormia bem há anos, fiquei sem saber a que fato creditar mais uma noite de insônia.

Logo no dia seguinte, iniciei um processo junto à Primeira Vara de Infância e Adolescência requerendo sua adoção. Em poucos dias recebi um telefonema pedindo que eu comparecesse para a primeira de uma série de entrevistas com uma assistente social e uma psicóloga.

No primeiro encontro a psicóloga me perguntou, entre outras coisas, os motivos que haviam me levado a desejar adotar uma criança, já que não sou casado. É claro que eu não soube responder nem a essa, nem a uma série de outras indagações. Quando via meu desespero, pulava discretamente para a próxima pergunta. A assistente social quis saber quem ia cuidar do menino, já que passo grande parte do dia fora trabalhando, nas horas mais estranhas, como professor e tradutor de inglês e alemão. Elas perguntaram também se minha família sabia da minha intenção e o que eles achavam disso; se eu estava preparado para educar sozinho uma criança; que mudanças eu deveria fazer em minha vida para me tornar pai adotivo; se a questão social me preocupava; como eu reagiria se viesse a ter um relacionamento afetivo com uma *pessoa*; se eu possuía bens em meu nome; grau de instrução; interesses; hobbies; onde ele ia dormir; o que ia dar para ele comer, e outras questões ainda mais triviais.

Nesse meio tempo, eu fazia três visitas particulares por semana, que duravam duas horas cada, no pátio interno da fundação: segunda-feira, quarta-feira e sexta-feira, de duas às quatro da tarde. Cancelava todo tipo de compromisso nesses dias. Eu costumava levar brinquedos e biscoitos, e tentava me comunicar com ele a todo custo. Aconselharam a não o visitar aos sábados, pois é dia de visitação aberta ao público. De fato, tinham razão, pois uma vez fui lá assim mesmo e não gostei nada ao vê-lo nos braços de diversas pessoas desconhecidas, sorridentes, dando biscoito. O menino não me deu a menor bola.

(Em 1984, a Universidade Federal de Viçosa me graduou engenheiro de alimentos, que, pelo que entendi, é uma espécie de engenharia mecânica aplicada à indústria alimentícia, tudo baseado em bioquímica e biotecnologia. Porém, não cheguei a trabalhar na profissão: fiz quatrocentas horas de estágio em São Paulo, Minas Gerais e Rio Grande do Sul e parei por aí. Em 1985, fui morar em Londres, onde recebi o diploma de Proficiency na língua inglesa pelo London Study Centre. Dois anos mais tarde, recebi o certificado de *Oberstufe* pela Ludwig Maximillians Universität, em Munique. Quando fui viver e estudar na Inglaterra e na Alemanha, eu já havia estudado e era graduado nessas duas línguas em Minas Gerais. Ao voltar ao Brasil, já havia decidido que queria mesmo trabalhar com idiomas. Me transferi para o Rio, abri o jornal e achei um anúncio para professor de alemão na Escola Berlitz, fiz o teste, fui selecionado e mudei de ramo e de rumo.)

Pouco depois da primeira visita, vieram entrevistar a babá e a empregada. A empregada já trabalha comigo há sete anos. Seu nome é Ana Paula, uma negra bonita, honesta, formas perfeitas, de sorriso franco e decotes generosos, que além de secretária tornou-se minha amiga. Ela foi, à época, a única pessoa que me incentivou a levar adiante aquilo que os outros, de modo geral, perplexos, classificavam ora como insensatez, ora como outro de meus arroubos de esquisitice e excentricidade. Mas a maioria sumiu dizendo que era maluquice mesmo. Em bom português, eu estava louco. Ouvi muita bobagem. "Anda mais um pouco, visita outros orfanatos. Quem sabe você encontra outra criança de que goste mais." "Você pôde escolher ou foi só esse que tinham lá?" Se alguém escolheu alguém, foi ele a mim, *brother!* "Tem certeza que ele não vai estragar a sua vida?"; "Vai ter coragem de atirar pela janela a independência que você conquistou?";

"Sabe lá de onde saiu esse menino..."; "Você não tem medo de índole?"; "Sabia que é herdada?"; "E se tiver doença?"; "Conhece a genética dele?"; "Você está preparado para enfrentar esses problemas?"

Teve até aquele que viu no meu desejo de adoção a solução para eu continuar exercendo ascendência sobre outras pessoas. "Agora você vai poder mandar e desmandar..." O que parece não terem percebido é que não fui ao orfanato comprar uma camisa.

Depois que Pedro Paulo chegou, os convites e as visitas escassearam e o telefone parou milagrosamente de tocar. Ouvia desculpas tão criativas que nem a mente mais delirante poderia imaginar quando não era convidado para uma festa ou outro evento. Por um lado isso foi bom, porque tive a chance de ver quem eram os meus verdadeiros amigos. Restaram apenas aqueles com os quais contei o tempo todo. Houve poucas surpresas.

II

No mesmo dia em que recebi o documento que me assegurava a guarda provisória do garoto, fui buscá-lo correndo. Caía um aguaceiro de proporções bíblicas, mas eu não agüentava a expectativa, não podia esperar nem mais um dia. Chamei Ana Paula e fomos às pressas ao educandário, que fica bem aqui atrás da minha casa. Subimos rapidamente as escadas e entregamos o documento à irmã, que nos atendeu sem vestígio algum de entusiasmo. Puxou sem pressa os óculos fundo-de-garrafa para a ponta do nariz e leu devagar, cenho cerrado, acompanhando o texto com os lábios. Desde pequeno aprendi a suspeitar das pessoas portadoras desse péssimo hábito.

– Trouxeram as roupas? – indagou sem levantar os olhos.

– Que roupas? – eu perguntei.

Será que fiquei de fazer alguma doação e me esqueci? – pensei, já viajando.

– Vou já pegar. Esperem aí! – falou de repente Ana Paula, despachada, sem pestanejar. Ana Paula deu um sorriso e uma piscadela para mim e eu pisquei de volta, fingindo cumplicidade.

Será que estão mancomunadas?

Fiquei ali aguardando o desenrolar da história sem saber direito o que estava acontecendo. Deve ter ido lá em casa voando, pois daí a poucos minutos ela chegou trazendo um shortinho vermelho e uma camisetinha branca, que havíamos comprado poucos dias antes. Em seguida trouxeram o menino, que, atônito, olhava tudo assustado, entendendo menos ainda do que eu. Num piscar de olhos Ana Paula tirou dele a roupa que estava usando, entregou as peças à irmã sem dizer palavra e vestiu a nova nele. A cueca ela esqueceu de pegar, sapato ele ainda não tinha. Não deu tempo de comprar.

E foi assim que o recebi: nu, como veio ao mundo. Como estava patente que aquela serva de Cristo não partilhava a nossa alegria e euforia, simplesmente apertamo-lhe as mãos como se faz quando se fecha um negócio.

Peguei o guarda-chuva, tomei o garoto no braço e desci correndo as escadas antes que resolvessem mudar de idéia, a Paula correndo atrás, debaixo da chuva grossa, às gargalhadas. Vinha atrás de mim em passos rápidos, lutando bravamente contra a barra do vestido de malha, estampado de cores fortes. O danado era tão curto e colado no corpo, que insistia em subir revelando suas coxas bem torneadas até a região fronteiriça da linha da calcinha. Uma beleza para os olhos. A cada três passos dava uma puxadinha para baixo, de um lado e do outro. Enquanto atravessávamos rapidamente o estacionamento que vai dar na rua, ainda lembrei de comentar com ela a merda que é o menino não possuir nem a roupa do corpo, e ter que devolver a que estava usando na hora de ir embora. É o fim.

– Bom menino. Isso tudo ficou para trás. Agora você tem um papai e vai ser chamado pelo nome. Prometo dar a você todo o meu amor e carinho e até umas palmadas, se preciso.

Parecia ser a primeira vez que ele saía para a rua. Olhou tudo como se estivesse num parque de diversão, era fascinação instantânea: carro, cachorro, bicicleta, ônibus, caminhão, padaria, banca de revista.

Daí a pouco Ana Paula foi embora, eu coloquei o menino no chão no meio de uns brinquedos, sentei-me num sofá e fiquei olhando para ele, extasiado. *O que será que ele come? A que horas dorme? Quantas horas por dia? Preciso sair para comprar umas fraldas.*

Aqui em casa ele encantou-se com uma cortina de cretone vermelha com flores amarelas que colocamos no seu quarto, um gravadorzinho antigo em péssimo estado que toca música infantil de notas diáfanas para ele dormir. *Valium music* para crianças. Lembro-me bem da expressão de espanto com tudo o que via, pois acho que não se lembrava de ter visto essas coisas antes. Parecia assustado, mas muito feliz.

É lógico que fiz tudo em segredo com relação a minha família, porque já conhecia sua opinião sem ter ao menos que perguntar. Só revelei quando o garoto já estava morando aqui em casa, e o choque foi geral. Ninguém veio visitar. Ninguém telefonou sequer para saber o nome do menino. Mas não foi surpresa – já estava esperando. Passei dezoito anos convivendo com sete mulheres em casas muito pequenas das cidades no interior de Minas Gerais, e o que mais tenho para contar são memórias de fatos, que hoje se confundem com negligência e descaso, mas que eram mero produto de pobreza e ignorância. Durante todos aqueles anos que passei na companhia de minha família, eu me senti como a quinta roda do carro inserida naquele contexto social. Minhas irmãs sempre muito unidas entre si; e eu, meio que incomodando. No fundo, ninguém tem culpa de nada. Há pouco tempo flagrei minha mãe comentando com uma de minhas irmãs sua idéia de que eu devia estar cumprindo uma promessa por uma grande graça alcançada e ela ainda pedia que minha irmã investigasse o que, por intercessão dos santos, eu teria conseguido. (Padre Antônio Vieira, em seus *Sermões*, XII, chega a dar a receita: "Peçamo-la [a graça divina] primeiro ao Espírito Santo por intercessão da Senhora"). Penso que isso dá uma medida da falta de informações gerais da minha família sobre a questão de adoção. Para elas, significa caridade, abnegação, sofrimento ou expiação.

Aos poucos parece que o gelo vai se quebrando, pois recentemente minha mãe disse que incluiu o nome dele em suas orações. *Meno male*. Hoje em dia minhas irmãs já se fazem chamar de "titia" quando brincam com ele. Meu pai, um homem com cara e jeito de personagem, barba de terça-feira, bigodinho incipiente aparado a tesoura, cuja única atividade a que se dedicou com paixão a vida toda foi o deleite do etilismo, talvez tivesse sido o único a curtir essa história de adoção, não tivesse morrido dez anos antes. Sempre gostou de crianças, desde que não fossem dele, e não se importava com absolutamente nada. Teria achado é engraçado.

Quando conheci o menino, ele se chamava Pedro Gonçalves, filho de Regina Gonçalves e pai desconhecido, mas depois de um ano morando em minha companhia, nova certidão de nascimento foi lavrada, e ele então passou a se chamar Pedro Paulo Barbosa Pereira, filho de Angelo Barbosa Pereira e mãe desconhecida. Na linha correspondente ao nome da mãe tem um xis e um ponto, um xis e um ponto. Aquela bobagem sobre cor de pele foi retirada. Aos que gostam de astrologia, sinto informar que a data de nascimento da primeira certidão de nascimento é aproximada, pois foi lavrada quando da chegada do garoto à instituição. Perguntando daqui e dali, descobri que até os seis meses ele ainda não havia sido registrado. Devido ao fato de sua mãe não saber ao certo quando ele tinha nascido, o médico pediatra, então, atribuiu uma data aproximada baseado em características físicas da criança, considerando provavelmente tamanho e peso. Tanto que a data atribuída a seu nascimento é seis meses anterior à da lavratura da certidão original.

2
O bolo da raiva

Preconceitos sempre houve. E gente curiosa. Poucos meses depois que ele chegou, fomos juntos à agência dos correios do largo do Machado. Fila imensa. O menino ficou correndo de lá para cá o tempo todo, porque é impossível conter criança quando se está em fila. Passava perto de mim, dava um socão e gritava papai. Uma senhora que estava na minha frente não agüentou e lascou:

– Seu filho? Que gracinha! Deve ter puxado bem a mãe, né?

– Não sei, nunca vi.

Que cara de tacho! E eu, sério.

Às vezes o preconceito aparece de onde menos se espera e de forma alguma intencional. Um domingo desses fomos soltar pipa no aterro do Flamengo. Com todo o meu sem jeito, depois de muito lutar, eu consegui colocar a pipa no ar. De repente apareceu um homem vendendo biscoito. Pedro Paulo logo quis – ele sempre quer tudo o que vê. Chamei o homem.

– Quanto custa o biscoito?

– Cinqüenta centavos.

– Pode dar um a ele, por favor?

Com a mão esquerda consegui tirar uma moeda do bolso da calça, pois a direita lutava para manter a pipa no ar. Paguei o sujeito e agradeci mais uma vez. Quando já se virava para ir embora, ele disse para o menino:

– Como é que fala para o moço?

Pedro olhou sem entender. *Que moço?* Eu também não percebi o que ele queria.

– Agradece o moço pelo biscoito, garoto – ele insistiu.

Nisso caiu minha ficha.
– Lá em casa não tem cerimônia. O menino é meu filho.
– Seu filho? – perguntou ele olhando atônito para um e para o outro. – Desculpe, como é que eu ia saber?
– Não ia. Não tem problema. Até logo.
E ele foi embora.

Quando ele tinha uns três anos e meio, estava eu tomando um chope com uns amigos, no Barril 1800, em Ipanema, na maior conversa fiada. Pedro Paulo comendo sua batata frita com guaraná, numa rara trégua de bom comportamento. De repente, dei falta dele, fiquei de pé num pulo e comecei a procurar. Menino levado é assim: piscou o olho, ele apronta. Em poucos instantes eu o encontrei, mas ainda a tempo de presenciar uma cena que quase me tirou do sério. Ele tinha saído para além da cerca que protege as mesinhas da beirada, e estava com o nariz colado em uma mesa de um casal com crianças. Vi quando a mulher, visivelmente constrangida, lhe dava uma asinha de frango numa tentativa de se livrar da saia justa. Sei que não é fácil encarar uma criança pequena com cara de me dá um pedacinho. Peguei-o pelo braço, educadamente deixei-o aceitar a iguaria e agradeci à gentil senhora, com pedidos de desculpas. De volta à nossa mesa, enquanto comíamos sua batata frita, eu o obriguei a comer a asinha engordurada. Toda. Quem mandou? Além disso, passei-lhe o devido sabão pela tentativa de evasão, mas consegui manter a calma diante da cena. Só mesmo sendo muito otário para não perceber que Pedro Paulo se parece com menino de rua tanto quanto eu me pareço com Brad Pitt. É limpo, bem cuidado, bem vestido e recebe a melhor educação que sei dar. Fiquei furioso.

Bom, se isso não é uma demonstração clara de preconceito, também não sei mais o que é. Mas esse é um velho conhecido meu, e sei de cor centenas de piadinhas, ditas por detrás e pela frente nas situações mais diversas. E o preconceito é uma metralhadora giratória que sai cuspindo fogo contra tudo o que é diferente de nós. Tudo o que não entendemos vira prato cheio para piada; sejam negros, homossexuais, portadores de deficiência física ou visual, os pobres, os gordos, os judeus, campeões absolutos da chacota ao redor do mundo e quaisquer outras minorias. Às vezes ele se apresenta com discretos contornos insuspeitos, mas principalmente contra os negros pode adquirir requintes de crueldade que nos faz sentir vergonha de pertencer à raça humana. Eu me pergunto como é que ainda pode existir esse tipo de preconceito num país cuja população se compõe de 65% de não-brancos. Dá para incluir essa gente toda na chave das minorias e tratá-los como tal? E isso não é característica exclusiva do povo brasileiro. Nem os países de maioria branca, ditos civilizados, onde se fala gramática dita complexa e declinada, escapam dessa mácula, desse lembrete de que ainda chafurdamos na lama do primitivismo e da barbárie social. É com a cara vermelha de vergonha que sou forçado a admitir que, enquanto civilização, nós falhamos. Nossa espécie é sociologicamente inviável. O mínimo que se pode fazer para combater esse câncer é falar sobre ele. Sempre, e em todos os lugares. É expor essas manchas e reduzi-las ao banal, ao ridículo. Se cada um se preocupasse apenas consigo próprio já estaria prestando um favor à comunidade. Não há graça nenhuma em criticar os diferentes, em caçoar das minorias. Humor não rima com escárnio. A graça não está justamente na diversidade?

Outra vez foi num supermercado. Não estava cheio. O lugar se encontrava até relativamente vazio. Lá fora fazia uma quinta-feira de uma semana interminável. Eu estava escolhendo alguns produtos, olhava os preços e colocava as coisas dentro do carrinho. O Pedro atrás de mim, pegando uns biscoitos e enchendo seu carrinho – aquelas miniaturas de carrinhos de supemercado. De repente derrubou um montão de pacotes de torrada. Veio do outro lado uma senhora empurrando seu carrinho já com cara de brava, pegou o garoto pelo braço e saiu puxando. Olhava de um lado para outro e reclamava que era um absurdo uma mãe largar uma criança pequena num supermercado. Vai destruir tudo aqui dentro. Onde já se viu? Aonde vai parar esse mundo? No seu acesso de fúria, olhou para mim e perguntou:

– Moço, o senhor por acaso não viu a mãe desse garoto?

– Está falando com ela, por quê? – falei olhando na cara.

– Desculpe, ele é seu?

– Pergunte a ele.

Ficou tão desorientada que foi embora rapidamente.

Na hora me lembrei de um amigo que já morou aqui em casa. Pessoa de poucas letras e coração generoso, ele gosta de resolver essas querelas do dia-a-dia na base do soco na cara. Não tem papo, pisou na bola, levou bolacha. Por pura sorte, nunca apanhei dele. Uma vez ele encheu um sujeito de porrada só porque este, bêbado numa festa, vomitou em todo o banheiro. Eu olhava aquilo tudo com ar blasé, pois banheiro vomitado, numa festa que terminou em grossa pancadaria iniciada por desentendimento causado pelo convidado que me acha de receber um erê às três horas da manhã, chega a ser redundante.

Eu até quis meter a mão naquela mulher, no supermercado, mas não abri o bico, contei até dez, virei as costas e fui embora.

Os casos de preconceito explícito se avolumam diariamente e eu não poderia sentar-me para contar todos eles, pois não acrescentam em nada a esta narrativa, além do que, depois de alguns dias, acabo esquecendo. Mas tem também um outro episódio que me tirou do sério, como nunca tinha acontecido comigo, pois desde sempre me julguei um cidadão civilizado e acima dos arroubos de fúria explícita.

Numa noite de domingo fomos à videolocadora alugar um filme. Como sempre, fazia muito calor. Antes de chegar em casa, parei num bar do largo do Machado para tomar apenas um chope, só mesmo para refrescar a garganta. É comum no Rio de Janeiro os bares servirem bebida na calçada, do lado de fora, onde os fregueses se sentam em banquinhos enquanto apreciam os transeuntes e se deleitam com o barulho dos carros. Muitos bares têm seus balcões no limite da porta e as pessoas não têm alternativa senão entrar na dança e beberem de pé, como se fosse remédio, fingindo que estão adorando.

Pedi o chope no balcão e me sentei no banquinho na calçada. Pedro Paulo, na ponta dos pés, colocou o nariz no balcão.

– Me dá uma coca-cola?

– Não tem, não.

– Então me dá um guaraná?

– Também não tem.

Isso me chamou a atenção e fiquei olhando.

– Então o que tem aí?

– Para você, nada, garoto! Cadê o dinheiro? – gritou o cara que atendia o balcão.

Bati com força o copo no balcão e berrei:

– Dá logo a porra da coca para o menino, seu babaca, senão te meto a mão na porra dessa cara agora mesmo.

– Ele está com você? Desculpe? – disse o sujeito com a voz subitamente doce.

– Esqueci de apresentar. Senhores, este é o meu filho!

Juntou gente. Todo mundo de olho na cena, esperando porrada. O patrão veio de lá com um pano de limpar mesa ensebado jogado em volta do pescoço e perguntou o que estava acontecendo. Não respondi nem expliquei. Joguei no balcão o equivalente em dinheiro a uns dez copos de chope e dez coca-colas, peguei a latinha, agarrei a mão do Pedro Paulo e fomos embora sob os olhares incrédulos de todos. Eu, assustado com a cena que eu mesmo acabara de protagonizar.

Cheguei em casa tão revoltado que precisei bater um bolo para me acalmar. A receita varia de acordo com a gravidade do problema, às vezes, leva mais açúcar, outras, menos. Não fique triste se não der certo, o objetivo desta receita não é comer o bolo, mas prepará-lo. Mas naquele dia, se não me falha a memória, fiz este, pois é simples e rápido, para emergências. É como tomar umas gotinhas de *Rescue*, dos florais de Bach, numa crise de depressão, tratar infecção com homeopatia, ou fazer uma oração, cantar um mantra ou um hino: não adianta nada, não faz mal nenhum. E é gostoso.

Quando me lembro dos dias que antecederam à chegada do menino, percebo que já estava decidido. Hoje sei, como sempre soube, que minha decisão foi tomada no momento que tomei essa criança nos braços pela primeira vez. É assustador ter que admitir isso, mas foi assim que aconteceu. E tudo foi fácil a partir deste ponto: o menino era meu filho e precisava vir para casa. Acho que as coisas se resolveram de forma extremamente rápida por causa disso. Eu tinha certeza do que queria, mesmo porque não dava para fugir. Para onde eu poderia ir, se você sabe que tem um filho e ele está morando num orfanato?

Ao mesmo tempo eu não gostaria de dar aqui a impressão de que o Ministério Público facilitou, apressadamente, o processo de adoção. Afinal não basta chegar lá e escolher uma criança. As entrevistas foram abrangentes e as perguntas, cuidadosas. Enfatizam que não buscam uma criança para uma família, mas uma família para uma criança.

As funcionárias do educandário não fazem questão alguma – e deixaram isso bem claro – de que as crianças sejam levadas de lá, pois cada uma que se vai é uma perda para elas – acostumadas que estão com a presença de todas as crianças. Consideram as adoções como um mal necessário.

Bolo de milho simples
(receita elaborada através de tentativa e erro)

Ingredientes:

3 ovos
2 copos farinha de trigo
1 copo de fubá
2 copos de açúcar
1 copo de leite (até formar massa rala)
100g de margarina
1 pitada de sal
1 colher (de sopa) de fermento em pó
1 colher (de chá) de erva-doce

Modo de preparar:

Misturar as gemas com o açúcar e a manteiga, batendo bem.
Acrescentar a farinha, o fubá e o leite, sem parar de mexer. Bater até cansar. Depois, colocar o fermento, o sal e a erva-doce. Por fim, as claras em neve. Assar em forno não muito quente (160ª) por uns 45 minutos.
Espere dar cheiro de bolo pela casa, antes de verificar se ficou pronto. Para testar a temperatura? Eu meto a cabeça lá dentro, mas deve haver outros métodos menos radicais.
Se preferir, enquanto prepara a massa, pode ir falando as coisas que você julgar adequadas para a ocasião. Pode usar o vocabulário que for mais apropriado, não vai alterar a receita. Pode enfeitar a pia da cozinha com um bonequinho de vudu e ir enfiando uma agulhinha nele, a cada ingrediente acrescentado à massa. Não faz a menor diferença, mas algumas pessoas se sentirão bem melhor. Se a raiva for muita, providenciar uma calda de açúcar queimado e espalhar no fundo da forma em cima de umas bananas cortadas em tiras longitudinais.
Observação: para este bolo, nada de batedeira. Tem que ser no muque mesmo.

Quando vieram aqui no prédio onde moro, as assistentes sociais chegaram a perguntar aos porteiros sobre meus hábitos, que tipo de vida levo e que tipo de visitas recebo, tamanha preocupação com o bem-estar da criança. Graças a Deus, foram discretíssimos. É claro que não sou santo, mas minha casa também nunca foi um matadouro e, com um pouco de esforço, posso até me lembrar de cada um que passou por aquela porta, portanto, nada havia que desabonasse minha conduta. Não me senti invadido com isso. Investigado, sim, mas invadido, não. Acho até procedente a preocupação deles quanto à idoneidade do pai-candidato. A cidade está cheia de malucos especialistas nas perversidades mais requintadas.

Mas há também um outro fator que influenciou na minha decisão de adotar: pouco tempo antes eu havia lido num jornal uma entrevista com o doutor Siro Darlan, juiz da Primeira Vara da Infância e da Adolescência, homem esclarecido e de opiniões polêmicas que já lhe valeram a antipatia dos colegas juízes, na qual dizia que o conceito tradicional de família já mudou tanto nas últimas décadas, que fica difícil definir o que é uma família de fato. A lei que regulamenta e defende os direitos dos menores no Brasil, o Estatuto da Criança e do Adolescente, de 1990, declara que "a adoção será deferida quando apresentar reais vantagens para o adotando e fundar-se em motivos legítimos", descrevendo uma série de características exigidas aos candidatos, sem fazer, contudo, qualquer referência a sua orientação sexual. A Constituição Federal de 1988 assegura o direito de adoção a adultos solteiros, maiores de vinte e um anos, que sejam no mínimo dezesseis anos mais velhos que o adotado, desde que reúnam as qualidades que o Estado requer para que se tornem pais adotivos. Mas essa interpretação literal do texto é colocada em prática por meia dúzia de juízes, se tantos, pelo país afora.

Entretanto, a interpretação da lei feita pelo juiz doutor Luís Carlos de Barros segue outro raciocínio, expresso no seu livro *Guarda – Questões controvertidas*. Baseando-se na Constituição, o juiz, que é o idealizador de um sistema informatizado para agilizar os processos de adoção no país, diz que a Carta Magna brasileira reconhece como entidade familiar apenas a união estável entre um homem e uma mulher, sendo, por isso, absolutamente impossível conceder adoção a favor de casais homossexuais.

Se o doutor Siro Darlan se render à ferrenha oposição e cair, não sei que tipo de política vai prevalecer na concessão das adoções no estado do Rio de Janeiro. Na entrevista ele dizia que, muitas vezes, a criança tem pai e mãe, mas que, por motivos alheios, mora com os avós. Às vezes, tem só mãe, às vezes só pai. Às vezes tem pai e mãe, mas outra pessoa da família é quem cria; às vezes mora com eles, mas não foi adotada por eles, e vive em estado de orfandade dentro de casa. Paternidade e maternidade ficam, então, reduzidos a mais uma função social que eles desempenham. O ser humano tem poucas relações biológicas. Tem mais relações adotivas, a gente adota tudo: marido, mulher, amigos, cultura, linguagem, comportamento, profissão etc. O mito de que o amor é baseado no sangue está caindo por terra. Então, pensei, família pode ser qualquer par, desde que se ame e se respeite mutuamente.

    Estendendo essa linha de raciocínio concluí por minha conta que família, então, pode ser um homem com uma mulher, dois homens, duas mulheres, ou até núcleos menores de apenas um homem ou uma mulher, um adulto e uma criança, por que não? Acho até que há coisas no cotidiano de uma família que o homem faz melhor que a mulher e vice-versa devido à própria estrutura da sociedade moderna. Questões relacionadas aos problemas com a injeção eletrônica ou à troca de pneus de um carro geralmente ficam mais fáceis nas mãos do homem, ao passo que a escolha do vestidinho da menina, prender um laço no cabelo, fazer um cacho, ou preparar um almoço, via de regra, dá menos trabalho para a mulher. Pode até parecer trivial, mas não é. É da maior seriedade. Há certas peculiaridades, até corriqueiras, no dia-a-dia de uma casa com criança que se transformam em verdadeiros cavalos de batalha nas mãos pouco hábeis de um homem. Se além de cuidar da casa, marido e filhos a mulher ainda trabalha fora, vai direto para o céu quando morrer, ou melhor, for recolhida inerte dos campos de batalha e transportada nos braços por lindas, loiras e flutuantes Valquírias, vai para o *Valhalla*, para juntar-se ao reduzido e seleto grupo de heroínas abatidas em combate. Não precisa nem de oração – a entrada está garantida como direito adquirido. Caso se atenha a administrar apenas a própria casa e a família, aliviando o marido de tais preocupações e propiciando uma atmosfera de paz e harmonia para que ele possa trabalhar melhor, já terá feito muitíssimo. Não dá para discutir isso.

    Às vezes estou dando aula e o telefone toca: é a babá querendo saber o que fazer para o almoço. É de gritar. Mas tento manter a calma, não berro nem nada e rapidamente dou as instruções. É preciso ser mil e uma para saber tocar uma casa pelo telefone. Não é nem machismo. Se você duvida, experimente. Se num modelo de família tradicional o homem se encarrega de gerir recursos para manter a família funcionando, provendo alimento, educação, saúde etc., e a mulher fica responsável por manter a casa em ordem, os filhos bem cuidados, limpos e bem educados, sem, no entanto, se sentirem tolhidos ou explorados pelo outro, que mal pode haver nisso? As feministas podem espernear o quanto elas quiserem, mas esse é o modelo que melhor funciona numa família com criança. Está ótimo, um completando o outro. Conheço homens casados que dependem de suas mulheres como já dependeram de suas mães. Quando ela volta de viagem, não raramente encontra o marido acampado no apartamento e vivendo em estado de semi-indigência. Cueca suja e guimba de cigarro espalhados por toda a casa, a pia podre. Aí eles fazem aquela cena que todos conhecem: ela mãezona provedora, e ele menino levado e dependente. Leva uma bronca que pode durar uma semana. Quem vê de fora acha que é tudo sério, ele se faz de ofendido, mas no fundo até gosta disso. Diga a verdade: pode haver algo melhor do que saber que alguém precisa de você?

Contudo, a presença de um pai e uma mãe não é garantia de que o filho venha a ser uma pessoa equilibrada. Muitas vezes casais amantíssimos produzem vespas que só fazem encher as páginas dos noticiários policiais. Aí entrevistam a mãe na televisão, e ela aos prantos jura que não sabe o que fez de errado. Provavelmente nada – personalidade cada um desenvolve a sua e a seu modo. Cada um se identifica com o que mais lhe atrai. Mas ela continua amando de maneira insensata aquele filho e vai morrer jurando que ele foi influenciado pelas más companhias.

Razão tem a Dercy ao dizer que amor de mãe não tem vergonha na cara. A gente passa a vida inteira com o cinzel na mão esculpindo com cuidado na pedra bruta nossa *persona*, nossa obra-prima, e, depois de prontos ou quase, vamos atribuir a outro artista as honras daquela criação? A verdade é que a indefinição do futuro é a mesma para qualquer meio onde uma criança é criada. Já perceberam que os filhos da geração *flower power,* aquele bando de malucos do final dos anos de 1960 e início dos de 1970, estão agora se casando de véu e grinalda, papel passado e tudo? Já viram como filho de roqueiro dá de ser careta? Parece uma praga.

Não tenho paciência alguma com aqueles maconheiros velhos que parecem estar chegando agora, a pé, de Woodstock. Há algo mais fora de moda do que fumar maconha? Entre um tapinha e outro, reclamam de tudo: "A nova geração é alienada, superficial"; "O materialismo e o capitalismo selvagem consumiram aquilo que os seres humanos possuem de mais caro, a solidariedade"; "Shopping-center é uma praga americana que assola o mundo"; "A música popular brasileira acabou, tudo é de plástico, descartável".

Acho que cada geração tem sua identidade, suas coisas boas e ruins. Tudo está na natureza encadeado e em movimento. O novo daqui a pouco já é velho, e vai dar lugar a novos valores. E só quem não é tolo pode ver.

Quem me vê dizer essas coisas pode até achar que sou um careta inveterado. Engana-se. Eu mesmo já fumei minha ração de maconha e haxixe nos bons tempos de Inglaterra e Alemanha. Fumei e assumo que traguei. Mas apenas o bastante para concluir que minha loucura sem drogas, mesmo as de recreação, é mais saborosa. Sou contra é o abuso, o exagero. Por mim, podiam legalizar, vender em farmácia, colocar na massa do pão, não importa. Só maconha nem causa efisema pulmonar. Se por um lado eu acredito que cada um deve ser responsável pelo que faz, por outro nunca vi nenhum viciado em cocaína e heroína — as verdadeiras vilãs — que não tivesse começado experimentando a linha *light* das drogas de festa.

3
Canção de ninar

Além de estar aparentemente subnutrido (sete quilos e duzentos gramas, aos dezesseis meses), Pedro Paulo estava com uma diarréia que durou mais ou menos quatro meses. Dois meses e meio foi o tempo que durou todo o processo, entre as visitas que as assistentes sociais e psicólogas do juizado fizeram à minha casa e as diversas entrevistas as quais fui responder lá. Quando finalmente requeri a guarda provisória do menino, eu estava ansioso para que ele viesse aqui para casa. Ele já demonstrava algum carinho por mim durante as três visitas semanais que eu fiz enquanto o processo corria, e isso era visível, pois chorava ao ser levado de volta para as instalações onde as crianças moram no terceiro e quarto andares da instituição. As irmãs o retiravam de meus braços e ele era levado para o elevador chorando e eu, muitas vezes, descia muito comovido aquelas escadas. Isso tudo era agravado pelo fato de ele estar o tempo todo com diarréia. Quando narrei o fato à assistente social, ela perguntou se eu já me sentia preparado para requerer a guarda provisória, de modo que pudesse cuidar de sua saúde em casa. É claro que não estava, mas, com peremptória convicção, disse que sim.

Assim que ele chegou, tratei de cuidar dele o melhor que pude. Logo no dia seguinte, eu o levei ao pediatra e a uma neuropediatra para que pudessem fazer um *check-up* geral. *Será que esse menino funciona? Será que ouve, vê, bate bem? Será que não estou comprando um gato no saco?* Na ocasião eu li no dossiê do juizado que ele tinha uma cicatriz de ferimento na região occipital do crânio de origem duvidosa, e mais: piolhos, sarna, vermes, estado de enfraquecimento geral, princípio de pneumonia (seu pulmão direito estava comprometido com alguma infiltração), nariz escorrendo, isso sem falar na diarréia. Pele e cabelo com aspecto e textura de papel celofane. Mas a neuropediatra me tranqüilizou dizendo que pelo menos neurologicamente ele parecia ser normal. Claro que não deu para tratar tudo de uma vez. Por isso deu trabalho e tivemos que ter muita paciência e carinho para dispensar a ele todos os cuidados de que necessitava.

No orfanato eles separam as crianças por faixa etária, em que são promovidas à turma seguinte a cada seis meses. Lá ele morava numa sala grande junto com um grupo de umas trinta crianças de sua idade, coordenado por uma supervisora. As crianças recebiam os cuidados de umas três ou quatro meninas de mais ou menos quinze anos, as quais moram ali desde que eram bebês.

Depois que passei a freqüentar aquela instituição, comecei a entender por que as crianças têm saúde tão frágil. É tecnicamente impossível cuidar de trinta crianças que tomam banho, comem e fazem cocô na mesma hora. Na hora do banho, fica uma garota de frente a um tanque cuja torneira é um chuveirinho com água morna. A outra vai pegando as crianças e passando para ela. Agilmente ela passa uma bucha de espuma de cima a baixo, frente e verso, depois abre novamente a água e enxágua a criança, que fica agarrada ao seu pescoço. Terminada essa tarefa, ela passa o menino ou menina para a sua vizinha, que já está esperando na bancada da pia ao lado. A criança é colocada dentro das fraldas de pano e bem amarrada, daí ela tira uma roupa qualquer de duas pilhas que ficam em cima de uma banca, uma para meninas, outra para meninos, veste o cidadão e o põe de volta no chão. Toda a operação não dura mais que alguns minutos. É impressionante a agilidade dessas meninas na hora do banho. Todos vestem a mesma roupa. Brincam juntos, brigam juntos, rolam pelo chão aos gritos, chorando ou rindo. Mas a promiscuidade em que vivem talvez justifique tantas moléstias de pele que eles invariavelmente trazem.

Na hora da refeição é a mesma correria: numa sala grande eles são colocados dentro de cadeirinhas de pernas compridas com uma bancada que desce na frente da criança, que serve tanto para colocar o pratinho quanto para prender a fera. A comida é servida já na temperatura certa para evitar confusão. Os que já sabem usar as mãozinhas se defendem como podem. Os outros precisam enfrentar fila para poder receber o alimento. Mas não é raro alguma garota mais esperta conseguir dar comida a três, quatro ao mesmo tempo. Enquanto um engole a papinha, ela já atende ao outro antes que comece a chiar. A isso tudo a gente assiste por detrás de uma parede de vidro, sem poder ajudar.

No primeiro fim de semana que passei sozinho com ele, teve cenas de Almodóvar. O garoto chegou numa quinta-feira à tarde. Na sexta, às sete da noite, sai a babá do banheiro toda bonita, maquiada até os dentes, dizendo um tchauzinho sorridente, até segunda. Na hora não tive boca para dizer: fica. Às duas da manhã ele acordou, choramingando. Às três, eu ainda estava andando com ele no colo pelo apartamento, pensando o que é que fui fazer da minha vida, desolado, reclamando da sorte porque ele veio sem manual de instruções. Com a luz do abajur acesa eu via refletida na vidraça da janela da sala a própria imagem do desespero: um sujeito totalmente despreparado enfrentando uma situação-limite, sem saber o que fazer.

Foi me dando aquele pânico: *e se ele não parar de chorar?* Por fim resolvi ligar para um amigo pediatra, na maior cara-de-pau. O cara se reparte entre diversos hospitais em que trabalha e atende em consultório, além de fazer plantão semanal de 24h numa clínica particular onde é funcionário. Fingindo paciência, ele perguntou:

– É choro de dor?
– Não sei.
– Está com febre?
– Parece que não.
– Mamou antes de dormir?
– Não.
– Então dá uma mamadeira e me deixa dormir, porra!

Ainda corado com o fora, rapidamente fiz leite com Nescau no forno de microondas e introduzi na mamadeira. Com a voz já trêmula, cantei uma canção que inventei ali na hora, ele mamou e dormiu em dois minutos. Pode ser cantada em cima da música de Teresinha de Jesus. O original é um melodrama sem sentido que você só poderá cantar em emergências, crise histérica, essas coisas. Tem até título:

Pedro Paulo, o menino

*Pedro Paulo, o menino,
de uma queda fez um ai.
Acudiram três pessoas:
Paula, Cléa e papai.*

*O primeiro é seu pai
a segunda, a babá,
a terceira, Ana Paula,
bota a casa no lugar.*

*Tanta laranja madura,
quanto limão pelo chão;
tanto suco derramado
pela casa, no colchão.*

*Da laranja quero um gomo,
da maçã quero um pedaço,
das meninas quero um beijo,
do papai quero um abraço.*

Nesse dia tive minha primeira experiência em fazer tudo com uma mão só. Depois fui aperfeiçoando, até que chegou uma época em que me tornei capaz de escovar dentes, fazer uma panela de arroz ou trocar uma lâmpada com o menino engatado na cintura. Aos poucos fui me acostumando com a perda gradual de liberdade. Por fim, já achava quase natural não poder mais ir ao banheiro sozinho, sem ter o menino enfiando a cara por todos os lados para ver, tomar banho, falar pelo telefone ou receber uma visita sem ter que assistir a um chilique.

Sei que tem muita gente contra pai ou mãe que fica carregando filho, psicólogos e educadores metem o pau; "tem que dar limites, preservar seu próprio espaço vital", esse papo, mas até hoje ainda temos aqui em casa essa política de compensar o seu déficit de carinho e atenção a que ficou exposto nas primeiras páginas de sua história pessoal. Foi um ano e meio de negligências. Ouço com a maior atenção e interesse suas efemérides. No que vai dar, não sei.

Quando estou disposto, gosto daquele número de colocar criança na cama. Com a luz apagada, eu canto uma canção ou conto uma historinha. Mas nada muito convencional. Entretanto, nunca tive paciência para música infantil, que insiste em tratar as crianças como perfeitas idiotas - nunca aprendi a cantar nenhuma. Então eu canto um repertório alternativo e dou uma turbinada nas histórias infantis. Meu repertório favorito passa pelo *Drama III* ato de Maria Bethânia, a quem adorei com devoção cega por tantos anos; ela cantou a trilha sonora que embalou minha adolescência e me deu o alento de que precisei para cruzar com galhardia aqueles anos tão complicados. Começo com "Movimento dos barcos", passando por "Baioque", "Se essa rua fosse minha", e depois canto "Nada além", tudo direto. Pausa para respirar. Depois recito o texto "Estrela do mar", de Antonio Bivar, canto "Meu primeiro amor" e recito os textos de Fernando Pessoa e Clarice Lispector, na ordem em que aparecem no disco, tudo tão certinho e doce, como talvez nem a própria teria feito, já que disse em uma entrevista a Roberto D'Ávila que não tem a menor intimidade com crianças. Nunca desejou ser mãe. Bethânia acha que Deus teve a sabedoria de não lhe dar filhos. Em vez disso, lhe deu a voz, que, segundo ela, é feminina (*sic*). Gosta de uma visitinha rápida dos sobrinhos em festas juninas e no dia de São Cosme e Damião e depois tchau. Se o Pedro estiver muito arredio, canto o lado B também. Aí, não tem erro. Acabo vencendo pelo cansaço.

A minha história favorita é da Branca de Neve, mas que é de uma crueldade tal que preciso fazer umas adaptações até que esteja apropriada para menores. Pense bem: estamos falando de uma rainha psicótica que bordava na sacada do castelo em pleno inverno europeu, quando fura o dedo na agulha. Essa rainha poderia estar sentada em qualquer aposento com lareira, mas preferiu o frio e o vento para fazer seu trabalho. (*Masoquismo.*) O sangue cai na neve e ela canta, delirante, uma canção singela: "quero uma filhinha branca como a neve / boca vermelhinha da cor de meu sangue"... Nesse exato momento ela fica grávida. É patético! Como jamais fez um pré-natal, ela vem a falecer no parto, provavelmente de eclampsia. Alguns anos mais tarde o rei casa-se novamente, mas com uma mulher maligna e convencida de sua beleza a ponto de trazer consigo um espelho que não apenas tudo vê, como também delata sem remorso. Se isso não é uma incitação clara à delação, é no mínimo bizarro que ele tivesse um critério tão pessoal de beleza e se desse ao desfrute de ficar fazendo agrados à bela patroa. Depois que ele lhe revela que Branca de Neve é mais bonita, a rainha, ferida em sua vaidade, ordena que um caçador a leve para a floresta e arranque seu coração como prova de que havia cumprido seu dever. *(Sadismo.)* Mas na hora "H" ele treme e a deixa escapar. Alguém já parou para imaginar como foram os termos de negociação de soltura da mocinha, então na flor de sua beleza e juventude, com um caçador rude e inescrupuloso? Os dois ali, a sós, no meio da floresta; ela sem mais nada a perder? É melhor pular essa parte. Mais tarde ela se refugia na casa de não apenas um, mas sete anões, que, surpreendentemente, a acolhem em sua casinha. São sete camas minúsculas que ela coloca uma ao lado da outra para poder dormir melhor num espaço exíguo. Eles se amontoavam onde? Já imaginaram o desconforto? A troco de quê? Acorda, Alice! Que gente boa... E fica ali, sem dar maiores explicações, cozinhando para eles e vivendo com eles – são sete homens e uma mulher numa casinha na floresta e ninguém diz nada! São pequenos, mas são sete homens vivendo sem mulher – não se esqueçam. Depois de um exaustivo dia de trabalho nas minas não sei do quê, eles chegam em fila, na maior alegria, brincando e cantando. *Eu vou/ eu vou/ pra casa agora eu vou/...* E tudo isso para tomar um pratinho de sopa? Então ninguém desconfia que debaixo desse angu tem carne? Enquanto isso o espelho tagarela dá nome e endereço à rainha, que resolve, ela mesma, ir fazer o serviço que o incompetente caçador deixou pendente. Então ela veste-se de boa velhinha e vai oferecer uma maçã envenenada à incauta Branca, que a essa altura já deveria saber que sua cabeça está a prêmio. Mas ela, tolamente, come a maçã e um pedaço entala em sua garganta. Aí é que começa a parte mais barra pesada da historinha, que tem até uma cena mórbida. Os anões, acreditando que está morta, levam a para o meio da floresta e a deixam linda e inconsciente sobre uma pedra – *por quê?* –, até que passa um príncipe não menos lindo em seu cavalo branco e a vê. Não se esqueçam de que foi ali colocada porque parecia morta, e mesmo assim ele lhe dá um beijo tão ardente que o pedaço de maçã se lhe descola da garganta, devolvendo-lhe a vida. Na versão original eles se apaixonam e se casam, mas eu acho que, na verdade, ele saiu correndo, pois o que lhe atraía era Branca de

Neve pálida e gelada, senão não teria nem descido do cavalo. É claro que não posso contar ao Pedro Paulo essa versão kafkiana de uma história infantil, por isso escolho uma que fica mais ou menos no meio do caminho entre a verdade *mondo cane* e essa bobagem que as babás contam às crianças. Nos bons tempos da pornochanchada nacional, Osvaldo de Oliveira filmou uma versão hilariante, mas verdadeira, com Adele Fátima no papel principal e Costinha fazendo o caçador. E os anões, obviamente, não tão inocentes assim. É a versão que recomendo.

 Tem também uma outra história envolvendo uma madrasta malvada e umas meio-irmãs. Elas humilhavam tanto uma garota que me dá pena contar. É de uma crueldade atroz a sorte da infeliz órfã que, depois de sofrer mais que couro de pica nas mãos daquela família de sádicas, ainda tem a má sorte de pedir socorro justamente a uma fada madrinha que a apronta para o baile do príncipe e tem o requinte de crueldade de calçá-la com um sapatinho de cristal! Sendo fada e sendo madrinha, ela poderia ter escolhido a pelica mais fina do reino para aquela ocasião tão especial, mas preferiu um sapato de cristal que, além de ser extremamente desconfortável, ainda oferece o perigo adicional de um acidente com proporções trágicas. Como se não bastasse, o encanto se quebra à meia-noite, obrigando a pobre a sair em carreira escada abaixo no bom da festa, salões cheios... o príncipe acabara de chegar e haviam dançado senão uma valsinha de nada. Essa é tão horrível, que vou ter que esperar o menino crescer um pouco mais para poder contar.

 E já que esse livro se propõe ser um manual para pais adotivos solteiros de primeira viagem, não custa lembrar que, quando for sair de casa com a criança para uma festa, visita ou o que seja, o melhor é deixar para aprontá-la por último, depois que você já estiver lindo e limpo na porta para sair. É uma medida simples para evitar crises histéricas e gritaria dentro de casa. Só quem já passou por isso sabe: depois de limpa e arrumadinha a criança invariavelmente vai se sujar, rasgar a roupa ou se descabelar um minuto antes de sair pela porta. Se isso acontecer, a culpa é sua, pois já está avisado. Não se esqueça de que criança sadia tem como objetivo principal enlouquecer o pai e a mãe diariamente.

 Além disso, nada de ranger dentes se descobrir que seu filho está mentindo. Que tipo de compromisso com a verdade você pode esperar de alguém que transita por um mundo onde vovozinhas indefesas são literalmente devoradas por lobos maus? É preciso relativizar isso também.

E para te ajudar a ficar fria, nada mais aconselhável do que uma boa:

Sopa fria de pepino com iogurte e hortelã
(pode ser preparada com dois dias de antecedência)

Ingredientes:

6 ramos de hortelã
500g de pepino japonês
250ml de caldo de galinha frio
20ml de iogurte
125ml de creme de leite
suco de um limão
sal
pimenta
2 folhas de cebolinha
2 dentes de alho
30-45 ml de azeite de oliva
3 pães árabes

Modo de preparar:

Coloque uma folha de hortelã dentro de cada cubo de uma forma de gelo. Adicione água quente e depois leve ao freezer.
Retire as sementes dos pepino e corte-os. Bata no liquidificador (aqui pode!) junto com a cebolinha e o caldo de galinha, até ficar tudo triturado.
Adicione o iogurte, o creme de leite e o suco de limão e bata um pouco. Transfira a mistura para uma vasilha, espalhe a hortelã picadinha e tempere com sal e pimenta. Tampe a sopa e leve à geladeira. Deixe descansar durante uma hora, no mínimo..
Sirva a sopa com os cubos de gelo de hortelã.
Para acompanhar, faça torradas com os pães árabes, espalhando neles o azeite e o alho picado.

4
Primeiros cuidados

O médico recomendara tratar uma afecção de cada vez. Uns quinze dias depois que chegou, estavam resolvidos os problemas de pulmão e pele, mas o intestino ainda demorou mais três semanas e foram necessários dois vidros de vermífugo para segurar. Fiquei especialista na farmacologia infantil: Hipoglós, Berotec, Nedax, Mucolitic, Redoxon, Zentel, Tylenol em gotas, os mais corriqueiros por aqui. Com dieta balanceada, respeitando horários, foi ganhando peso e em poucos meses tornou-se uma criança fisicamente normal. Comia frutas (banana, morango e mamão, as favoritas), legumes, verduras, tomava iogurte e bebia suco o tempo todo. Nunca fez cerimônia para nada. Achava graça ao vê-lo catando os grãos de arroz e feijão que iam caindo para fora do prato com aqueles dedinhos finos e enfiando tudo na boca.

Alguém recomendou que eu fizesse bife de fígado para ele. Eu fiz e ele não comeu, achou ruim ou não sabia mastigar. Tudo bem, eu resolvi então inventar uma receita infalível que conto adiante como é.

Finalmente consegui fazer com que ele comesse com alegria algo que sempre odiei desde criança. Não me lembro da última vez que me obrigaram a comer fígado. Acho isso uma covardia que deveria ser prevista na Constituição, com direito às punições na forma da lei. Mas deu resultado, ele agora está forte, ágil, perna grossa, pele e cabelos macios e viçosos. Proteína faz milagres.

Fígado no disfarce

Ingredientes:

1/2 kg de fígado limpo (sem aquela pele nojenta), cortado em pedaços pequenos
1 cebola ralada
3 tomates grandes, sem a pele, picados
3 dentes de alho picados
3 colheres de sopa de azeite virgem de oliva
cheiro verde picadinho
sal e pimenta a gosto

Modo de preparar:

Bater o fígado no liquidificador, até que se forme uma massa rosada e uniforme, quase um creme. Refogar o alho e a cebola ralada no azeite até ficar dourado. Refogar a pasta de fígado até que tome aspecto de carne moída, acrescentando o tomate picado. Cozinhar em fogo brando até dar caldo. Por último, depois que desligar o fogo, colocar o cheiro verde picadinho, o sal e a pimenta (em quantidades que disfarcem bem o horror dessa aberração culinária), misturar e abafar por alguns minutos.
Servir com arroz e feijão feitos na hora.
Sugestão: enquanto o fígado pega gosto, aproveite para dar um banho rápido. Ele come e dorme em seguida. Ufa!

Uma vez – Pedro Paulo tinha quase dois anos – resolvi dar um banho nele num sábado à tarde. Marinheiro de primeira viagem, eu coloquei água na banheira, tirei-lhe as roupas e comecei a passar o sabão. Mas ele se debatia muito e em poucos minutos eu também fiquei todo molhado. Peguei o tal gravadorzinho, fechei a porta e entrei junto. Liguei a hidromassagem e o barulho era imenso. Foi uma farra: xampu, espuma, risadas. Quase não pude ouvir quando esmurravam a porta da sala. Saí apressado, enrolado na toalha e levando o garoto no colo. Ao abrir a porta do banheiro eu me deparei com uma espessa nuvem de fumaça preta que cobria tudo e quase não me deixava ver a porta da sala. Eram duas vizinhas que, atraídas pelo cheiro de queimado, desesperadamente tentavam me avisar que havia algo errado. Assim que abri a porta elas irromperam sala adentro procurando a origem daquilo que poderia vir a ser mais que um incidente doméstico. Eu havia colocado no fogo um pacotinho de macarrão instantâneo, que aqui em casa chamamos de kinojo, enquanto dava o tal banho rapidinho no garoto. Quase morri de vergonha com o sabão que me passaram. Passei o resto do sábado limpando a casa. A panela eu joguei fora, e o cheiro de queimado só saiu muitos dias depois.

O meu despreparo como pai solteiro pode ser bem aquilatado com o fato que nos ocorreu quando o Pedro tinha pouco mais que dois anos. Num fim de semana sem babá, eu o estava vestindo para irmos a mais uma festa de criança, quando ele encrencou de não querer me deixar colocar o sapatinho. Eu já estava meio atacado porque nem sabia de quem era a festa, mas na escola eles mandam convites numa média de dois por semana e insistem que todas as crianças da turma compareçam sob pena de ser tomado por insociável. Compro brinquedos sem saber para quem, aos montes, à razão de cinco reais cada, numa feira de camelôs no centro da cidade e guardo tudo no armário dentro de um saco de plástico desses de colocar lixo. Quando chega a hora da festa, eu olho o convite e vejo se é menino ou menina e pego um brinquedo qualquer. Forcei a barra e enfiei o sapato no seu pezinho de qualquer maneira, para acabar logo com a conversa. No meio da festa eu notei que o menino estava mancando um pouco enquanto brincava com a garotada. Discretamente eu o chamei num canto e tirei-lhe o sapato. Não é que tinha um pé de meia todo embolado lá dentro? Sem perder a pose, tirei a meia e a coloquei no bolso da calça; tornei a calçar-lhe o sapato e soltei o garoto para ir correr mais. Sempre fui aparvalhado, mas nesse dia me superei. Ninguém viu, graças a Deus.

5
Que sufoco!

Os danos causados pela provável má gestação e pela alimentação insuficiente dos primeiros meses de vida, só Deus sabe, mas o tempo vai-nos revelar aos poucos. É patente seu distúrbio de atenção – finge que não ouve-; aos cinco anos, sabe e fala pouco. Há pouco tempo eu o levei à neuropediatra para mais uma avaliação. Ela não quis fechar um diagnóstico precoce, pois ele ainda é muito pequeno. Mas não descarta a possibilidade de um retardo leve, ou um distúrbio do déficit de atenção associado à hiperatividade (DDA/H), ou um desequilíbrio emocional, causado, talvez, pelas sucessivas perdas.

A dificuldade de prestar atenção e aprender, neste caso, seria resultado de uma couraça protetora que ele, inconscientemente, construiu em volta de si. Essa teoria também é partilhada pela psicóloga que o acompanha. No caso do DDA/H, sua agitação natural é que estaria prejudicando a concentração. As opções dois e três podem ser tratadas. Mas no caso da primeira proposta ser a correta, o melhor que faço é afrouxar o coração, ensinar a ele o que ele puder aprender e parar de esperar que ele produza intelectualmente tanto quanto as outras pessoas. Há um ano iniciou acompanhamento com uma psicoterapeuta infantil porque a professora disse que ele tem problemas de equilíbrio motor, concentração e falta de interesse durante as atividades na creche. Até hoje, quase três anos depois que veio para casa, ainda sai quebrando a cabeça aqui e ali por pura falta de atenção – não olha por onde anda.

Ano passado, no dia das mães, fomos os dois a Juiz de Fora visitar a minha. Ela se assustou muito com as doze feridas que ele tinha nas pernas e braços, cada uma maior do que a outra, resultado de suas quedas em série, que de tão graves, beiram à tentativa de suicídio. Como é difícil manter a calma quando ele chega quebrado. Fomos às pressas à farmácia comprar um pozinho chamado Anaseptil que, segundo ela, fecha, higieniza e ajuda na cicatrização de feridas. Depois do banho, deitamos o menino na cama de minha irmã e começamos a fazer os curativos: primeiramente limpeza com água oxigenada, depois o pó e por fim a gaze e o esparadrapo. A operação inteira demorou uns vinte minutos. Ele ficou quieto e cooperou bastante. Aí tive a idéia de comprar umas joelheiras, dessas do tipo de jogador de futebol. Como não encontrei nenhuma que lhe servisse, comprei um par de cotoveleiras para jogador de basquete, que finalmente couberam em suas pernas compridas e magras. Resolvido o problema.

Quando ele tinha dois anos, eu o levei a um parque aqui perto para brincar. Para meu espanto, quis descer da cadeira quando estava bem no alto, no meio do galeio, e simplesmente pulou. Eu estava lá e vi: pulou de repente sem pedir para descer. Resultado: quase perdeu a orelha esquerda que, ao se chocar contra o chão se descolou em toda a parte de cima do lóbulo. No pronto-socorro, quase precisei ser atendido também.

Aos candidatos em potencial à adoção é bom lembrar que crianças que vivem em orfanato, via de regra, têm deficiências físicas, mentais ou de ordem emocional. Elas estão ali ou porque a mãe não as quis ou porque da mãe foram retiradas. De qualquer forma, elas carregam consigo marcas que só com muito tempo, carinho e cuidados vão dissipar. Depois que passei por esse processo, já conheci uma dezena de casos em que os pais substitutos lutam diariamente para repor as perdas e maquiar as cicatrizes deixadas por essas perdas. Não se pode avaliar com precisão os danos deixados por uma má gestação, maus-tratos, abandono, má alimentação, lactação fraudada com isso e aquilo, e acima de tudo, falta de carinho. Desejar que uma criança trazida de um orfanato se comporte como outra que sempre viveu amada pelos pais, só pode ser ilusão.

Em fevereiro de 1998 ele começou a freqüentar o maternal do Instituto Nossa Senhora da Piedade, aqui perto de casa. A babá, que mora conosco, cuida dele, lava e passa toneladas de roupa que ele veste e suja em dois minutos e se desdobra para levá-lo a todos os seus compromissos, procurando chegar na hora certa (o que nem sempre consegue): duas vezes por semana natação, psicóloga e capoeira; todos os dias, creche de meio-dia às cinco, banho e comida em horários determinados. Às oito e meia, cama. Contudo, após o primeiro ano freqüentando aquela instituição, irmã Teresa, a diretora, mandou um bilhete dizendo que gostaria de falar comigo a respeito do rendimento do meu filho. Sem rodeios, e fazendo pose de muito ocupada, ela me informou sobre seus problemas de atenção, cooperação, interesse e comportamento e me recomendou escolher outra escola, uma que estivesse mais de acordo com o perfil psicopedagógico do menino. Sem o menor constrangimento ela me disse que a escola não estava preparada para lidar com problemas específicos (leia-se diversidade). Sem muito argumento, concordei em procurar outra escola e fui embora, mas não sem antes dizer que sentia muito pela incompetência dela e de suas auxiliares. Sempre achei que é exatamente a escola que deve estar preparada para lidar com a diversidade. Não é o aluno que se deve encaixar nos moldes dos institutos de educação, mas a escola é que deve ser mais complacente e se modernizar, se adequar e acolher os membros da comunidade da maneira que eles são, contextualizando o ensino, usar os valores do aluno, explorá-los, desenvolvê-los e dividi-los com os outros alunos. Mas na prática nem tudo funciona assim: quem não se encaixar no modelo pré-estabelecido das instituições, automaticamente é cortado. Por sorte, encontrei uma outra escola, mais moderna e alternativa, o CEAT (Centro Educacional Anísio Teixeira), que parece estar mais preparada para lidar com a educação infantil de forma menos inflexível. Lá, vi professoras muito mais investidas e dedicadas ao desenvolvimento da criança. O aluno é aceito e trabalhado como indivíduo, com todas as suas idiossincrasias, qualidades e defeitos. Muitas atividades são realizadas ao ar livre, embaixo de umas mangabeiras. Para fugir do calor de ficção científica do Rio, freqüentemente dão banhos de mangueira, num clima de descontração e alegria, que é do que as crianças mais gostam.

    Cléa, a babá, tem apenas dezesseis anos e desde os treze está morando conosco já na época da adoção, trabalhava aqui uma outra moça. Cléa é sobrinha do porteiro do prédio onde mora a minha irmã. Havia chegado naqueles dias de Teresina, Piauí, e buscava um emprego onde pudesse também morar. Era do que eu precisava. É claro que temos os nossos altos e baixos, quem não os tem? Mas de forma geral nosso relacionamento é satisfatório. Quando saímos os três, compro um sorvete para ele e outro para ela; um brinquedo para ele e uma blusinha para ela, e por aí vai. Ela mesma vem de uma família decomposta e imagino que a ela também fazem falta esses agrados. Às vezes ela acha que é mãe dele, às vezes fala como se fosse minha filha, minha mulher, minha mãe, ou pior. De vez em quando a coisa fica tão embolada que é preciso redefinir os papéis dentro de casa. Mas de qualquer forma é virtualmente impossível manter a distância patrão-empregado, talvez pela própria geografia do apartamento: tenho apenas dois quartos e ela divide um com o menino. Lá tem um aparelho de televisão, um de som, um guarda-roupa e uma bicama: tudo compartilhado. Está perfeitamente incorporada ao nosso cotidiano, mas não é tratada como filha. Tem pai e mãe vivos, carteira assinada, recebe, salário, décimo-terceiro, férias etc. À tarde, depois que leva o Pedro para o jardim-da-infância, freqüenta um curso de alfabetização numa igreja aqui perto. Como diz o Caetano, é incrível a força com que as coisas acontecem quando têm que acontecer. Tudo se encaixa.

Faz quatro anos que Pedro Paulo chegou e posso garantir que minha qualidade de vida melhorou, mesmo com todo o trabalho, percalços, preocupação e gastos que uma criança traz consigo. Aquele buraco no meio do peito, que parecia não ter fundo, e o gosto amargo na língua sumiram no ar. Aquela sensação de egoísmo e desesperança – *para onde é que está indo minha vida? Não fiz nada até aqui! Se eu morrer hoje, amanhã faz um dia. Quem vai sentir minha falta?* – acabou. Acho. Não dá tempo de pensar. Fico muito mais tempo em casa, e gosto disso. Gosto de sair com ele nos finais de semana, ir à praia, ao circo, andar de bicicleta na Lagoa. Ele adora ir ao teatro para brincar, falar na hora errada, cantar junto, participar. *(Não agüento mais ver peça infantil. Morro se vir mais uma versão da Branca de Neve.)* Sinto prazer em levá-lo à escola e, sempre que posso, vou com ele. Gosto de sair e escolher uma roupa ou sapato para ele usar. Acho que minha vida tomou um rumo que eu antes nem suspeitava, um sentido de realização, de família e uma estabilidade que é extremamente importante para minha saúde mental. *(Será que tenho alguma?)* Seu amor por mim é como uma brisa suave soprando levemente na minha cara num dia de verão escaldante; é água fresca na goela sedenta do viajante; é o sentimento mais sincero que conheço, à exceção, talvez, do amor que meus pais sentem por mim. Ele não tem a menor idéia de que as coisas de que mais gosta, e das quais precisa, são pagas: escola, piscina, roupa, médico, biscoito, sorvete, capoeira, psicóloga, danoninho; ele não sabe que babá e empregada recebem salário. Nem lhe passa pela cabeça a tragédia da substituição da babá quando é seu dia de folga. *A babá saiu com o namorado na terça-feira e hoje é quinta e ela ainda não voltou! Que sufoco! Quem poderá ficar esse fim de semana? Quanto ela está cobrando? Mas fulana jurou que vinha... por que não veio? Nem telefonou! A sicrana não tinha uma irmã? Deus podia bem me mandar uma folguista, uma luz, um nome. Sabe quanto elas cobram para ficar de sexta à noite até segunda de manhã?* Você que tem pretensões de se tornar pai ou mãe adotivo, pense bem nesses detalhes. Dos presentes que ele ganha até as delícias que gosta de encontrar na geladeira, tudo custa dinheiro. E o mais legal é que ele não sabe disso, e gosta de mim de forma sincera, genuína e transparente. Não é o máximo? Muitas vezes quando me sinto fraco ou deprimido penso que preciso ser forte para mim e para ele, que só tem a mim e a mais ninguém e, portanto, depende exclusivamente de mim, de meu apoio, minha atenção, meu carinho. Alguém que, conscientemente, fez a opção de ser Clara Guerreira pode se dar ao luxo de ficar jogado achando que o mundo não presta?

Estou a par da importância que é ser pai e mãe ao mesmo tempo. Todo mundo que tem filho tem medo de morrer, mas não é medo da morte em si, é de não saber quem vai tomar conta dos filhos. Todo mundo que tem filho pequeno morre de medo de babá. Não há mãe que trabalhe tranqüilamente o dia inteiro sabendo que outra pessoa toma conta do seu filho. Só agora descobri isso. Saber eu já sabia, mas agora entendo bem.

Fico irado é com a macheza da maioria dos homens. Ô raça: planejam e vão à guerra, pulam de pára-quedas atrás das linhas inimigas, enfrentam bala de canhão sem deixar cair o capacete, enfrentam louco com pau na mão, enfrentam bandido a tiro, encaram briga de jiu-jitsu e capoeira sem estragar o topete, demitem trezentos funcionários num golpe de caneta Montblanc sem perder o apetite ou a pose, mas não passam, sozinhos, um fim de semana com uma criança. Morrem de medo, pedem ajuda à vizinha, à mãe, chamam enfermeiras, quem for, mas criança não dá. Hoje em dia até existem pais viúvos ou descasados que ficam com a guarda dos filhos quando o casamento desaba, mas rapidamente casam-se de novo, ou botam a mãe (dele, claro) na jogada.

É, ou não é?

Lista das questões de um pai/mãe

Estas são as que mais me preocupam:
- *Será que ele chorou quando viu que eu não estava?*
- *Será que a babá deu banho?*
- *Será que fechou o gás?*
- *Será que não queimou nada?*
- *Será que deu comida?*
- *O que será que ela deu no almoço?*
- *Será que insistiu um pouco para ele comer?*
- *Será que esperou esfriar?*
- *Será que já pôs o menino para dormir?*
- *Será que deu mamadeira?*
- *Será que a janela está fechada?*
- *Tomara que não brigue com ele.*
- *Será que ela gosta dele?*
- *Será que ela secretamente me odeia?*
- *O que ele vai ser quando crescer?*
- *Que juízo ele faz de mim?*
- *Não tenho grana para instalar câmera secreta*
- *Preciso fazer um agradinho nela...*

Preparei também uma lista com os dez mandamentos que deverão reger a vida de pais e filhos, cinco para cada, já que a conhecida lista com dez me parece, a cada dia, mais utópica e inatingível.

Aos filhos

- *Não mentirás. Jamais.*
- *Não fumarás.*
- *Não morrerás antes de teus pais.*
- *Não farás perguntas constrangedoras a teus pais.*
- *Não serás reprovado na escola.*

Aos pais

- *Não mentirás de forma a seres desmascarado por teu filho.*
- *Não fumarás diante do teu filho. É falta de respeito*
- *Não morrerás antes que teu filho tenha crescido.*
- *Não farás perguntas cretinas a teu filho.*
- *Não irás beber e dirigir.*

Hoje eu entendo, admiro e respeito muito mais mulheres que são mães, tendo ou não marido. Porque a barra é pesada. É pesada, mas é também muito legal saber que você é o centro da vida e existência de outra pessoa que depende de você. Só quem tem filho pode saber como é. Não dá para explicar e nem eu saberia. Só fico curioso quanto ao interesse que essa história banal pode despertar nas pessoas. De repente, aqui no prédio, todos me dão bom-dia, perguntam pelo menino; todos o conhecem pelo nome. Vizinhos meus de porta, que nunca se deram ao trabalho de acenar a cabeça ou de perguntar como vai, agora sorriem e chegam a dizer que ele está lindo. Precisa tudo isso para se livrarem da culpa? Será que finalmente estou vivendo os meus prometidos quinze minutos de fama? Diversos jornais, a maioria tablóides, revistas e canais de televisão já estiveram aqui em casa me perguntando como é ser pai adotivo, o que mudou na minha vida e questões ainda mais triviais. Não vejo a diferença entre mim e outros pais, temos as mesmas responsabilidades e preocupações. E minha vida mudou tanto quanto a de qualquer outro. Não é em nada diferente, por exemplo, daquelas dos milhares de mulheres sem voz que criam sozinhas seus filhos em condições muitas vezes bem mais precárias que as minhas. Não é raro encontrar mães que precisam contar com a boa vontade de parentes e vizinhos para que possam trabalhar. Muitas trabalham fora e também dentro de casa sem ganhar um tostão por todo o serviço. É o chamado terceiro turno. E o que é pior, não são reconhecidas. As mulheres têm mais dificuldades em conseguir emprego que os homens. Competem com desvantagem no mercado de trabalho, ganham até trinta por cento a menos que os homens para fazer o mesmo serviço, não raramente sofrem – geralmente caladas – pressão e assédio sexual por parte de seus patrões. A maioria não pode contar com babás ou empregadas que lhes ajudem a administrar a casa, que é uma microempresa.

No entanto, nunca vi em revista alguma nada como "um dia na vida de", "mulheres que fazem", ou qualquer coisa do gênero. É como se já se esperasse tudo isso delas e muito mais, porque é atribuição e prerrogativa natural das mulheres. Então, por ser homem, mereço mais atenção que elas? Se eu fosse mulher, exigiria do marido o registro na carteira de trabalho, salário, adicional de insalubridade correspondente ao número de filhos, férias proporcionais também relativas a cada ano trabalhado, enfim, todos os encargos sociais a que tivesse direito, e um pouco mais. Absolutamente todos!

Por outro lado, também aprendi a respeitar as pessoas que optaram por não ter filhos. Não é nem uma questão de egoísmo. Certas profissões nos obrigam a fazer escolhas, e escolhas nós as fazemos todos os dias de forma clara e consciente ou não. Certas pessoas são talhadas para a paternidade e maternidade; outras, simplesmente, não. Como dizia o síndico da MPB: "cada qual com o seu cada qual". Não é feio ter dinheiro e projeção sem filhos dentro de casa. Conheço um urologista que me contou, certa vez, que havia realizado uma cirurgia de vasectomia em um rapaz de vinte e oito anos, casado, que dizia ter três filhos. Somente depois de concluído o procedimento, o sujeito lhe revela que havia mentido: na verdade ele é casado, mas não admite a idéia de tornar-se pai, atormentado por pesadelos horríveis quando encana que a mulher está grávida. Disse que se mataria se ela engravidasse. Meu amigo, chocado com a revelação, se sentiu traído porque, devido a um critério meramente pessoal, sua conduta é de realizar a tal cirurgia apenas em homens com mais de trinta e cinco anos e que já tenham pelo menos um filho e com o consentimento escrito da esposa. O procedimento é pouco invasivo e não leva mais que alguns minutos, o que me faz crer que a referida senhora jamais ficou sabendo de sua existência. Minha opinião é que ninguém é obrigado a ter filhos naturais ou adotivos para ser respeitado ou ganhar a simpatia de familiares e vizinhos. Se vai pirar porque virou pai ou mãe, é melhor não ter o filho. Muito antes de criticarmos aquilo que a princípio nos possa soar como falta de maturidade, devemos respeitar a escolha pessoal de cada um, de preferência, sem ficar fazendo muitas perguntas. Pode curtir a vida como bem entender, sem ter que agradar a todos adotando atitudes e comportamentos que obedeçam às expectativas da sociedade como um todo. Quem quiser casar e ter filhos, ótimo. Quem não quiser, está ótimo também. E não há nada de errado nisso.

Outro dia, eu estava com o Pedro num quiosque da praia de Ipanema tomando uma "aba de popo", quando passou uma moça carregando no colo um cachorrinho desses bem peludos, uma belezinha cor-de-mel, pêlo brilhando, limpinho e com um lacinho de fita vermelha no cabelo – era uma cadelinha. Aí ouvi um rapaz do meu lado dizer em tom de pontífice uma frase que já foi até letra de música: "troque seu cachorro por uma criança pobre". Não sei se disse isso para ela ou para mim, mas não faz diferença. Causou belo efeito. Disse aquela besteira e todos que estavam ali por perto concordaram com um movimento de cabeça. Espero que a dona do cãozinho não tenha ouvido. Fiquei pensando na tragédia que seria para ela ter que se separar do bichinho que ela escolheu, e cuida tão bem, para pôr uma criança no lugar, no caso de ter ouvido e acatado o conselho. Seria horrível para todo mundo: primeiro, porque criança não é cachorro, e ela queria um cachorro, e não uma criança. Se quisesse uma criança, certamente estaria com uma de lacinho e tudo. E um não supre a falta do outro, como tudo o mais. Segundo, se ela trocasse seu cachorro por uma criança pobre, esta teria que passar a vida inteira na função de substituta. Você já se imaginou substituindo um cachorro? Cá entre nós, você conhece alguma coisa que termina com -uta, que presta? A começar por araruta. E por fim, a cadelinha, que provavelmente teria que amargar ser tratada como cachorro por um outro dono. Já pensaram na tristeza? Além disso, essa infeliz frase sugere que se adote uma criança pobre como um paliativo ou uma solução para uma grave questão no caos social em que vivemos – o que não é. Quem tem que resolver problemas sociais não são corações piedosos, mas o governo, seja federal, estadual ou municipal. Não interessa. E não o faz a contento. Tente ligar para o Conselho Tutelar da Criança e do Adolescente para denunciar maus-tratos, exploração de menores por seus próprios pais, exposição vexatória, indução à esmola em sinais de trânsito, ao furto, você dê o nome. Se o telefone atender, dirão que o responsável hoje não veio, pois sua senhora está doente, ou que a kombi de abordagem está quebrada, ou que não é lá, ou o número mudou etc. Mesmo quando acolhem a denúncia, não há garantia de que providências serão tomadas. No dia seguinte e nos outros, os personagens continuam no mesmo lugar, desempenhando o mesmo papel.

Por mais que tentemos nos enganar inventando totem, tabus, governos constituídos e paralelos, forças armadas, clero, runas, signos, cartas, astrologias, religiões e instituições afins, não poderemos jamais escapar da inconteste realidade de que estamos todos abandonados à nossa própria sorte. Só se vive uma vez, portanto, só temos uma única chance de mostrarmos ao mundo o quão bons ou ruins podemos ser. Uma vida é tempo bastante para se tornar Hitler ou Madre Teresa. Para que desejar outra, se esta já dura o suficiente para colocarmos em prática nossos planos por mais arrojados que sejam? Não há uma segunda chance – e, de preferência, deveríamos todos nos esforçar para deixar nesta vida alguma marca de nossa passagem pelo mundo. E alguém veio aqui a passeio? Estamos todos irremediavelmente expostos ao gozo e às intempéries que a vida diuturnamente nos oferece. Os eventos se sucedem aparentemente de forma meramente aleatória, mas obedecem a uma rígida lógica interna à qual não temos acesso facilmente. Não há ninguém por nós a não ser nós mesmos. Se conseguirmos acreditar em nós próprios, já será o bastante e teremos galgado grande parte da caminhada rumo à felicidade. Mas não é felicidade Pollyanna. Felicidade fica aqui subentendida como o preenchimento do vazio que essa constatação pode ocasionar. Há quase cem anos foi inventada a psicanálise, a qual, se não conforta, pelo menos explica. Sinto desapontar a alguns, mas essa me parece a única alternativa racional para se viver melhor. Para que desejar mais do que isso?

Terminamos a água de coco e fomos embora, eu feliz por não ter que explicar nada disso para o Pedro Paulo.

Quando estou feliz, gosto de fazer doce:

Pudim de aipim lua de mel

Ingredientes:

1 kg de aipim cru (ralado)
1 coco ralado
100g de queijo ralado
4 gemas
1 pitada de sal
3 copos de açúcar
1 colher de café de fermento em pó
2 colheres de sopa de manteiga ou margarina

Modo de preparar:

Misturar o açúcar, a manteiga ou margarina, as gemas, o sal, o queijo e o coco. Acrescentar o aipim e mexer. Adicionar o fermento, misturando levemente. Derramar em tabuleiro untado e polvilhado com farinha de trigo peneirada. Levar ao forno quente. Quando estiver pronto, derrama-se uma calda rala por cima. Deixar esfriar e cortar em quadradinhos.

6
Freud explica

I

Não. Na minha história não há absolutamente nada de especial. Sou um sujeito comum, de hábitos simples, sou classe média, gosto de ler, de viajar, faço tudo que todo mundo faz. Por esse motivo não acho relevante o fato de ter orientação homossexual. Ora, um pai não é homossexual, nem heterossexual, nem médico, nem bicheiro, nem nada. Tudo isso são funções que exercemos aqui e ali dependendo da situação. Em cada lugar somos coisa diferente. Mas há aqueles que não seguram a onda de serem quem são e que começam a se referir a si próprios na terceira pessoa, vício muito comum entre jogadores de futebol e políticos. Mas dá para entender... pense bem, você já imaginou acordar de manhã e dar com o Leonel Brizola no espelho do banheiro? O cara que, dentro de casa, atende ao telefone dizendo "Aqui é o general fulano" ou "doutor sicrano", está precisando esclarecer qual é o seu papel, qual é sua identidade na função de sujeito. Bastava dizer o nome e ponto. Pai é pai e nada mais. Não sei se faria diferença para o meu filho o fato de eu ter essa orientação. Provavelmente não. A questão social já é outra história, mas disso trataremos depois. Só há uma coisa pior do que ser comentado: é não ser comentado, já dizia o *dandy* Mr. Wilde. Se um dia ele perguntar com todas as letras, responderei com todas as letras. Mas acho até que esse dia nem vai chegar porque não tenho segredos. Aliás, sou péssimo para guardar segredos. Algumas pessoas inocentemente perguntam se vou um dia revelar que ele é adotivo. Ora, essa criança não pode ser assim tão desavisada a ponto de não perceber que não temos a mesma cor. Tá bom, pais brancos também podem gerar filhos negros. Mas na verdade a única característica física que temos em comum fisicamente é o branco do olho. Ele saberá sempre, pois já sabe. Se houver necessidade, falaremos sobre isso sem meias palavras.

O momento da verdade só chega quando já houve o momento da mentira, quando há coisa escondida. Esse tipo de cena eu deixo para filmes B. Já ficou combinado que o que não é bem dito vira mal-dito.

Jamais busquei notoriedade pelo fato de ter adotado uma criança. Essas coisas não me interessam. Também nunca venci nenhum concurso de simpatia. Não acho que adoção tenha a ver com caridade. Quem quer fazer caridade pode visitar os idosos em asilo, doente em hospital ou até crianças nos orfanatos, pois elas gostem e precisam da caridade; pode levar doce, roupinha, trabalhar como voluntário três vezes por semana se a culpa for muita, mas não precisa adotar uma criança de papel passado. A menos que esteja querendo ser torturado, mas aí já é outra história. Cuidar de criança é muito chato. A adoção é feita dentro do coração, não é só no registro de nascimento. Depois que você convence a si próprio de que tem um filho, não há mais caminho de volta. Se uma mãe ou pai ama seu filho de verdade, mesmo querendo matá-lo na hora da raiva, jamais conseguirá devolvê-lo ao lugar de onde saiu. Por isso recomendo a todos os pais que *adotem* seus próprios filhos no momento do nascimento. Olhem na cara dele e digam: você é o meu filho. É uma receita simples, mas que evita uma série de problemas no futuro. Nunca vi uma mãe ou pai gostar menos do filho porque ele nasceu com um defeito físico ou genético tipo síndrome de Down. Se assim optarem, podem até interromper a gestação, mas depois que nascer, o papo é outro. Vão tomar conta dele preocupadíssimos a vida inteira em não morrer antes dele, amando aquele ser como se fosse a criança mais linda do mundo. Aconteça o que acontecer, esse amor desenfreado vai continuar inabalado.

O mesmo se dá na adoção. Filho adotado é filho parido. Não há retorno. Não dá para devolver. O negócio é pensar bem antes, porque não faz sentido abrir mão da criança e devolvê-la ao orfanato. No entanto, é incrível o número de casais que fazem isso. Fico consternado com o drama por que passam essas famílias, com grave erro cometido pelo adotante, pois o dano causado à criança é maior ainda do que se jamais tivesse conhecido um lar. É isso o que acontece quando se toma uma decisão desse porte sem pensar bastante antes. E pensar que eu também poderia ter feito isso! Se o Pedro não fosse meu filho, eu já o teria devolvido há muito tempo. Ele é hiperativo, não sossega um minuto; fico exausto só de olhá-lo pular e cair. Ele quebra louça na cozinha (sempre ajudando), espreme detergente e sabonete líquido dentro da pia, molha todo o banheiro e a si próprio, espalha brinquedo o tempo todo, joga bola dentro de casa, rabisca as paredes, faz xixi na cama, mexe nos meus cd's, destruiu o painel do aparelho de ar-condicionado da sala, arrancando, quebrando e atirando pela janela todas as palhetas – uma a uma. Os armários da casa estão chumbados na parede porque, de tanto subir, um já lhe caiu na cabeça. O vaso sanitário já foi arrancado duas vezes, entupido de carrinho. É de gritar, ficar histérico. Agradeço e recuso a boa vontade e os elogios pela minha bondade e abnegação. Não há bondade na adoção. É ato de amor ou não é nada.

O próprio Pedro quase foi levado para os Estados Unidos poucos antes de nos conhecermos. Há pouco tempo fomos fazer uma visita ao orfanato e uma das meninas de lá comentou com espantosa naturalidade: "E pensar que esse menino quase já foi parar lá nos estrangeiro, já teve até passaporte e tudo..."! Na hora eu quis saber dessa história e ela me disse que apareceu um casal de americanos que gostou dele. Após terem passado pelo processo de seleção, eles ganharam a guarda provisória do menino e moraram com ele durante um mês num *apart-hotel* cumprindo o período de adaptação, como requer a lei brasileira, antes de finalmente o levarem embora. Contudo, poucos dias antes da viagem, o pai-candidato encanou que o garoto tinha atrofia nas pernas, porque aos dezesseis meses ele ainda não andava, e o devolveram ao orfanato. Segundo me relataram, o homem entregou a criança à freira e sua mulher não deu um pio. Desceram as escadas sem olhar para trás. Mais uma perda.

Será que é por isso que ele me testa todos os dias? Até quando vai precisar colocar o meu amor por ele à prova? Será que ainda não sabe que aqui é sua casa tanto quanto é minha? Será que ainda não deu para perceber que não vou devolvê-lo? Pode quebrar a casa toda, vai apodrecer sentado no castigo, mas daqui ele não sai. *Será que esse menino faz parte de um complô diabólico para me levar à lou-*

cura? Será que a máfia russa está envolvida nisso? Quando está muito atacado, fico pensando em todas essas coisas. Será que todo pai se pergunta isso?

Há alguns dias eu estava em um escritório, no centro da cidade, onde trabalho três vezes por semana; tomava um café entre duas aulas. De repente, entrou na cozinha uma funcionária que trabalha na administração acompanhada de um estagiário novato. Quando me viu, cumprimentou, veio toda sorridente e quis me apresentar:

– Sabe, este é o Angelo, nosso professor de inglês. Já trabalha aqui há muitos anos. Sabe, ele cria um menino de cor. Tirou o garoto do orfanato. Não é o máximo?

O café desceu quadrado. Se eu já não a conhecesse há anos e não soubesse que ela não tinha a menor intenção de ofender, eu lhe teria lembrado que o crio talvez pelo mesmo motivo que ela criou os dela: porque ele é meu filho, a quem eu realmente tirei do orfanato; já os dela... bem, não nos interessa de onde os tirou. Nada mais natural que criar os próprios filhos. Não fiz isso com a intenção de ajudar a ninguém. Portanto, amigos, caridade é outra onda. Agradeço e recuso a boa vontade e os elogios pela minha bondade e abnegação. A adoção não pode ser movida a bondade.

II

Algumas pessoas buscam alívio para a barra pesada de estar vivo, como nos ensina o pai da psicanálise em *O mal-estar da civilização (Das Unbehagen in der Kultur),* perseguindo a felicidade de maneiras bizarras: exemplo disso é a inseminação artificial, IVF (inseminação *in vitro*), ou mesmo aquelas de tecnologia de última geração, que combinam ciência, mágica, arte minimalista e negócio como a ICSI (injeção de esperma intracitoplasmática). A mãe-candidata se enche de hormônios, chega a tomar injeção de estrogênio com hora certa no meio da noite durante semanas, passa por um calvário de exames de sangue, toma a temperatura lá embaixo, choca uma infinidade de óvulos, que serão fertilizados e transplantados de volta para seu útero. Investe nisso toda sua energia, carinho, esperança e fortuna, para no fim ainda cruzar os dedos, pois os centros de reprodução humana mais eficientes acenam com taxas de sucesso nunca superiores a 40 por cento. E o marido? Entra no banheiro da clínica com um envelope embaixo do braço contendo revistas que vão lhe estimular na coleta do material. Daí a pouco sai carregando um vidrinho. As recepcionistas fincam a cara no que estão fazendo, fingindo que não sabem de nada. Só faltam assobiar uma canção enquanto ele atravessa a recepção. Há situação mais embaraçosa que essa? Ninguém merece passar por tamanho constrangimento. Se o cara não tem esperma, ainda há a derradeira chance de se submeter a uma cirurgia na qual os médicos fazem uma pequena incisão no testículo à guisa de recolher alguma sombra daquilo que poderá vir a ser um espermatozóide e colocá-lo logo para trabalhar.

Sei de um caso que é de dar dó, envolvendo um homem azoospérmico e uma mulher irremediavelmente infértil. Através de uma biópsia, conseguiu-se de testículos imperfeitos uma amostra ínfima de espermatozóides imaturos, os quais foram maturados em meio de cultura até que pudessem ser utilizados na inseminação do óvulo da doadora. Após o passe de mágica do médico, os embriões produzidos foram implantados em útero de uma "mãe" de aluguel, que também não trabalhou de graça. Obtiveram, ao final de nove meses, dois bebês: a obra completa, o produto final da dedicação não de duas, mas de quatro pessoas, o qual foi entregue a uma quinta, que convictamente se diz mãe das crianças. Não estou em posição de ditar normas de comportamento. O meu é só mais um ponto de vista, entre tantos.

Será assim tão difícil entender que somos todos feitos da mesma matéria de que são constituídas todas as outras coisas no universo e que, por isso, a questão dos gametas perde totalmente o sentido? São os mesmos prótons, elétrons e nêutrons, as mesmas interações de hidrogênio que mantêm coesos os átomos de carbono do meu corpo funcionando de maneira idêntica nas árvores, no ar, na água, no ouro e no esterco. Dá, portanto, para imaginar que um dia todos voltaremos ao estado de perfeita harmonia com o universo, depois que nos dissiparmos em cinzas ou no chão.

Mas não se deixe enganar facilmente: esse *Unbehagen* de que fala Freud é de tamanho único, serve para todos. Da atriz mais rica, desejada e famosa, ao magnata bonitão, passando por toda a escala do prisma social, sexual, social e religioso, absolutamente todos têm suas queixas e as terão sempre. Cada um sabe bem onde lhe aperta o sapato.

Muitas dessas futuras mamães adentram essas clínicas com a queixa de que se sentem sós, ou que o casamento anda meio capenga, ou que, pasmem, desejam se sentir mais mulher. Desde quando filho segura casamento? O que acontece com a vida sexual de um casal depois que nasce o primeiro filho? Acaso melhora? Então é a maternidade que faz a mulher? Aliás, o que *é* uma mulher? "*Was will das Weib?*" (O que *quer* uma mulher?) Por que então Medéia matou os filhos? Não seriam justamente eles que tolhiam seu desejo de ser mulher simplesmente? Ora, mulher é o oposto de mãe. Há algo mais não-sexy do que a visão de uma mãe amamentando seu filho? É lindo, mas não tem nada de sexy. Pode dar de mamar em público que ninguém repara. Pergunte à Danusa. Suspeito até que aquele peito em que agora mama o bebê nem é o mesmo em que sofregamente mamou o pai, naquela noite tórrida há um ano.

Maternidade é muito mais simples do que isso. Não é preciso mais do que amar uma criança. Se o filho vem em conseqüência de um relacionamento, ótimo. Se não vem naturalmente e se há o desejo de ter um, porque não adotar um? Qual é a diferença? Alguém me explique. Fico pensando que foi uma tremenda malvadeza da natureza atrelar uma necessidade básica ao milagre da procriação. Sexualidade é completamente diferente de paternidade e maternidade. Por outro lado, se não fosse assim, viveríamos, talvez, numa metrópole de cinco mil habitantes, se tantos. Quem, em sã consciência, encara o ato sexual com o objetivo de engravidar? Pouca gente, creio. Não seria, talvez, vaidade achar que meu filho precisa se parecer comigo? Que diferença pode fazer se ele não carrega meus genomas, gametas ou minha seqüência de DNA? Somos todos tão bobos. Então é preciso a mulher pedir ao juiz para mandar o sujeito fazer um exame de DNA para provar que o herdeiro é filho dele ou não?

E se provar que o filho é seu, certamente vai ter que registrar e pagar pensão. Mas francamente, passados trinta anos desde aquele encontro furtivo, o senhor ainda vai ter a cara de pau de tomar o cara nos braços e, chorando, dizer *meu filhinho*, é demais. Aliás, se o exame der negativo, todos os envolvidos vão ficar abalados. Pense bem: um sujeito que contrata um detetive para seguir a mulher está esperando ler o dossiê e encontrar o quê? Imagine sua decepção quando vir as fotos da mulher entrando na casa da costureira, no shopping-center, ou pior, na igreja! Será que vai querer pagar os honorários? Quando uma garota pergunta ao namorado *você me ama?* Será que já não sabe a resposta? Ninguém pergunta isso a menos que esteja querendo irritar o outro. O cara que pergunta a um desafeto *o que é que você tem contra mim?*, só pode estar querendo briga. Aliás, vou arriscar o palpite de que ninguém pergunta nada cuja resposta já não saiba. Eu soube que no Juizado de Menores há uma lista de casais já habilitados que esperam há anos por uma menina branca, recém-nascida, em perfeito estado de saúde física e mental e sem embargo judicial para ser adotada. Querem que ela se pareça ao máximo com eles para que possa se encaixar num modelo, numa farsa já preestabelecida. Vai encenar uma peça de teatro, talvez um drama, pois tais casais raramente revelam que foi adotada. Tem graça? Por que as pessoas imploram para serem enganadas? Pagam à cartomante para dizer exatamente o que já sabem ou aquilo que mais desejam ouvir sobre si próprias. E quanto mais esperta for a tal senhora, mais caro pode cobrar, e mais felizes todos ficarão. Se disser a verdade, em pouco tempo perderá sua clientela. *(Populus vult decipi, ergo decipiatur* ("O povo quer enganar, logo é enganado").

Depois de ter conhecido dezenas de casais em processo de adoção e suas exigências quanto às condições de saúde da criança, fico pensando, às vezes, que recebi Pedro Paulo em tão pouco tempo devido ao seu frágil estado de saúde e também ao fato de não ser branco, ser menino e já contar um ano e meio de idade. É lento e complicadíssimo o processo de retirada do pátrio poder. Muitas crianças que, na companhia de seus pais biológicos, viveriam em condição de risco iminente (leia-se fome, abuso físico e psicológico etc.), passam a viver em orfanatos e em casas de acolhimento, onde são visitadas durante anos por pessoas que gostariam de adotá-las, mas, por motivos nem sempre fáceis de se entender, o juizado reluta em transferir a guarda para elas. Um pouco de pressão sempre ajuda, mas não define.

Conheci pessoas que defendem a tese de que levar criança de orfanato para passar o Natal em casa, na companhia de família, é bom para elas, as crianças. Não posso pensar em nada mais cruel. Estamos falando de crianças que foram abandonadas e não possuem referencial algum de família, mal têm o que comer e vestir. Então faz sentido mostrar para elas o que é uma família alegre, cantando "Noite feliz" ao lado do pinheirinho cheio de presentes e devolver ao orfanato no dia seguinte? Quer dizer que já se pode mostrar o pote sem ter que dar o mel? Que tipo de bondade é essa que só faz aumentar a ansiedade e o sofrimento dessas crianças no dia 26? Um presentinho e uma coxa de peru, então, substituem a convivência diária com uma família? Quem sai lucrando com isso é quem as levou, pois ainda vai achar que fez caridade. Sei que esse projeto existe na cidade do Rio de Janeiro e quero dizer que sou diametralmente contra. Se não quer rezar, não ajoelhe, e se não estiver preparado para dar, então nem beije.

III

Pais emocionalmente estáveis não fazem sexo na frente dos filhos. Acho que um beijinho ainda rola, mas sexo não. Aliás, acho que só bem mais tarde as crianças percebem que seus pais fazem sexo. Então, pelo menos para ele, eu não tenho sexo, ou melhor, eu não faço sexo, já que são duas coisas distintas. Ele sabe que papai é homem, que a Cléa é mulher, que ele é menino, mas duvido que saiba o que é que as pessoas fazem na privacidade de seus quartos, ou às vezes até em público. Da mesma forma, estou convencido de que minha sexualidade nada tem a ver com a dele. Até onde sei, meu pai não foi homossexual, nem tive outros modelos quando era criança. Aliás, quando me contaram como era, tive um choque tão grande que fiquei meses fazendo cara de nojo. Pais não influenciam na orientação sexual de seus filhos. Acredito que talvez possam influir no comportamento sexual, mas na orientação, não.

Fico pensando que é por isso, talvez, que nunca fizeram nenhuma referência a minha vida sexual durante todo o processo de seleção. Aquelas assistentes sociais e psicólogas não são tolas. Possuem anos de experiência na seleção de pais candidatos e sabem de quase tudo sem ter nem que perguntar. Certamente o pessoal que trabalha na Cofam (Colocação Familiar) está mais interessado em saber se os candidatos reúnem certas qualidades de caráter, afetividade descomplicada e estabilidade emocional e financeira para adotar uma criança. Acho até que a parte financeira não é tão importante, pois soube que setenta por cento dos casais que adotam, possuem renda familiar de até cinco salários mínimos, e quarenta por cento até três salários. Eles querem saber é se a criança vai ter o que comer, onde vai morar, onde vai dormir, quem vai cuidar dela, que tipo de vida vai levar inserida naquele núcleo familiar, escola, atividades esportivas, coisas assim.

    Estou ocupado demais me esforçando para que ele tenha uma boa vida, uma boa educação e que aprenda o quanto antes algumas normas de civilidade e convívio social. Espero que saiba escolher bons livros para ler (García Márquez e Machado, já estava bom), aprenda a ouvir boa música (MPB de qualidade, Bach e Händel, seria ótimo) e que desenvolva visão crítica das coisas. Uma certa dose de bom senso também não cairia mal. Também quero que se mantenha afastado de drogas e pegas de carro na madrugada. Não fico fazendo planos para seu futuro: *meu filho vai ser médico, ou advogado, ou engenheiro*. Acho até que as coisas que realmente valem a pena saber, não podem ser ensinadas. Todos os dias eu agradeço aos céus por estar fora da universidade e, portanto, livre da tirania e pequenez dos professores e da picuinha dos colegas, que jamais perdem a oportunidade de nos lembrar o quanto não somos irmãos. A educação formal serve apenas para equipar o sujeito para enfrentar o mercado de trabalho, mas um diploma, mestrado e doutorado no que quer que seja não garante que seu detentor vai deixar de ser um boçal. O mercado financeiro está cheio. Eu mesmo conheço um monte. Pode ir para Harvard, Yale, MIT. Não importa. O estudo em si não ilustra ninguém. Mesmo que Pedro Paulo nunca se torne um homem de livros, e prefira ser um bom instrutor de capoeira, vender seguros, ou qualquer outra coisa que lhe assegure um meio de vida, tudo bem. Que mal pode haver nisso? Mas essa consciência é muito difícil de se conseguir num país que pouco a pouco vai perdendo sua identidade para os enlatados americanos, que distraidamente se vende aos apelos do neocolonialismo anglófono, que constrói um subúrbio de Miami na zona oeste da cidade do Rio de Janeiro, com a mesma arquitetura, mesmos tipos urbanos e *modus vivendi*, um país que dança sob a batuta de xuxas, ratinhos e faustões. Mas vou tentar. É duro lutar para construir um espírito crítico num país caduco, com fortes tendências para enterrar suas memórias, as boas e as más. Pode parecer clichê, mas minha cruzada contra a mediocridade não teme masmorra.

    Quando eu era garoto ainda lá na pequenina Guidoval-MG, lembro-me do meu pai fazendo um carrinho de carretel de linha, que minha mãe usava em suas costuras. Ele pegava o carretel de madeira, daqueles grandes e, com uma faca afiada, fazia uns dentinhos nas rodas. Depois precisa e lentamente passava um elástico de dinheiro por dentro do orifício e, nas duas extremidades, amarrava dois pedaços de vela que ele cortava cuidadosamente para não quebrar. Feito isso, meu pai prendia um palito numa das pontas e o girava, para fazer enrolar o elástico no interior do carretel, criando assim alguma energia potencial. Quando punha aquela engenhoca no chão, como num passe de mágica, o carrinho punha-se em movimento e saía andando devagar, freado pelo atrito que a vela produzia, e ia subindo nos sapatos e meias e dedos. Para mim não podia haver coisa mais bonita.

Quando fazia papagaio, era um ritual ainda mais elaborado. Com muito critério escolhia o bambu verde que seria usado na confecção da estrutura do brinquedo, os papéis de seda, a combinação das cores. Fazia ele mesmo em casa o grude que serviria como cola. Numa caneca branca esmaltada – a qual muitas vezes minha mãe usava para fazer mingau –, ele colocava quantidades exatas de água e maizena e levava ao fogo por um tempo certo até que a mistura adquirisse a densidade e a espessura desejadas. Cortava as ripas de bambu e as alisava por intermináveis minutos com o fio da faca, centenas de vezes, sempre parando e testando sua flexibilidade com leves movimentos de dobradura à altura dos olhos. Trabalhava com calma de monge, rodeado de crianças, que não cabiam em si de expectativa. Depois media as hastes e as cortava com a sua faquinha. Amarrava as peças com um número x de voltas de linha. Pronta a armação, era colocada sobre o papel de seda e colada com o tal grude caseiro. Quando por fim a pipa ficava pronta, íamos para cima do morro que margeia a rua principal da cidade e ficávamos a tarde toda olhando para ela no ar. Pode haver felicidade maior? Naquele tempo eu ainda cria na possibilidade de um estado de graça, uma felicidade incondicional que o tempo e a experiência já se encarregaram de provar que não existe.

IV

Quando, no dia 20 de setembro de 1999, apareci na revista *Época*, numa reportagem de capa com o título "Orgulho gay", a notícia se alastrou feito um rastilho de pólvora. Nunca entendi direito o que isso quis dizer, mas quando me convidaram para dar uma entrevista, minha cara na capa, com certa relutância, aceitei. Vieram à minha casa, fizeram diversas perguntas e uma expediente fotógrafa profissional chamada Miriam Fichtner tirou centenas de fotos minhas com o Pedro Paulo no colo, cujo rosto tivemos o cuidado de ocultar; atrás de nós, a cama estrategicamente cheia de brinquedos, para dar a (falsa) impressão de fausto. Pronta a matéria, revistas nas bancas, fui correndo comprar um exemplar e me surpreenderam o nível e a seriedade com que assunto tão delicado tivesse sido tratado pela imprensa *mainstream*. Não sem uma ponta de orgulho, cujo sentido eu apenas começara a adivinhar, li a reportagem, na qual personalidades da vida artística, esportiva e cultural do Brasil falavam sem restrições sobre seu trabalho e sua orientação sexual. A idéia central, pelo que pude entender, era desglamourizar ao máximo a homossexualidade, mostrando pessoas comuns levando vidas absolutamente comuns, de gente que estuda, trabalha, paga contas, essas coisas. Não contei a ninguém e nem foi preciso, pois nos dias que se seguiram à publicação várias pessoas conhecidas e desconhecidas ligaram para me congratular ou criticar pela minha coragem e boa vontade em falar de dois assuntos tão díspares, só em nome da tal visibilidade. Como meu nome completo apareceu na reportagem – por conseguinte, encontrável na lista de assinantes do Rio de Janeiro –, pessoas do Brasil inteiro ligaram. Uns diziam que agora já se sentiam mais encorajados a procurar a adoção em suas cidades e que minha experiência lhes acendeu uma chama de esperança; outros me chamaram de nomes que aqui não cabe repetir, mas teve ainda aquele que me pediu em casamento, se oferecendo a mandar seu avião para me pegar, querendo adotar a mim e ao Pedro. Esse foi, sem dúvida o mais engraçado. De tão absurdo, ficou cômico. Uma noite eu estava vendo um filme na televisão e o telefone tocou. Apertei o *pause* e fui atender:

– Alô!
– Eu gostaria de falar com o Angelo, por favor.
– Sou eu.
– Caso com você, "assumo" você e seu filho e ainda mando meu avião aí te buscar.
– ?

– Não quer mudar de vida? É bem legal aqui.

– Aqui onde, meu senhor? Quem está falando? – indaguei

– Meu nome é Natanael. Sou o dono e moro na fazenda Boa Esperança, próximo a Porto Velho, Roraima. Crio boi. A vida anda meio chata por aqui. Li sua entrevista e gostei de você. Sou um cara que gosta de ir direto ao assunto. Não mando recado. E então, o que me diz?

– Digo que o senhor deve estar louco e que precisa de apoio psiquiátrico. Desliguei estupefato.

Ele ainda ligou algumas vezes, depois de minha categórica recusa, mas acabou entendendo que nosso romance não tinha nada para dar certo.

Uma semana depois que a reportagem saiu, minha irmã Rita de Cássia, que mora no Rio Comprido, me telefonou e pediu que eu fosse até lá, pois ela precisava falar comigo. Fui já meio sabendo do que se tratava, mas foram os detalhes da conversa o que mais me chocou e assustou. Sem dizer palavra, e muito sem jeito, ela colocou em cima da mesa da cozinha – mineiro adora conversar na cozinha – um envelope de papel pardo sem remetente contendo um exemplar da tal revista. Alguém lhe havia enviado pelo correio no dia anterior. Dentro, um pequeno bilhete dizia apenas que se tratava de um presente de uma amiga. Caro leitor, neste momento peço sua licença para interromper ligeiramente esta narrativa e fazer um alerta: se algum dia você receber uma carta assinada com um singelo "uma amiga" ou, quando atender ao telefone, seu interlocutor se identificar apenas como "um amigo", rasgue imediatamente a carta antes de abrir e coloque rapidamente o telefone no gancho, de preferência silenciosamente. Como nos ensina Mr. Wilde em seus *Epigrams*, são necessários dois para causar uma grande dor: o inimigo para desfechar o golpe e o amigo para vir contar. Ela abriu com cuidado o envelope, retirou seu conteúdo e, lentamente, o colocou sobre a mesa, deu uma bicada no café ralo como que escolhendo as palavras, e me olhou nos olhos:

– Do que se trata isso? – perguntou com voz mansa.

Numa família míope, Rita é a mais civilizada de minhas irmãs – embora todas tenham estudado até a faculdade e uma tenha conseguido até o diploma de doutora em Filosofia – e aquela com a qual tenho mais contato e trânsito. Nunca havíamos abordado o tema homossexualidade abertamente, mais porque eu achava que não era necessário, e desejava poupá-los a todos do constrangimento, do que por medo. Saí de casa aos dezessete anos para trabalhar e estudar e vivi independente financeiramente desde então, de modo que nunca houve espaço para perguntas em nível pessoal. As visitas, a cada ano, se tornam mais escassas. A família toda sabe, mas ninguém comenta. É como um segredo mal guardado.

— É uma revista, respondi já meio cínico.

— Você tem noção do que fez? — o caldo já entornando.

— Dei uma entrevista para uma revista de circulação nacional.

— Deixa de ser cínico. Você precisa ter mais consciência e saber que você não está mais sozinho. Você agora tem uma criança em casa, será que não entende? A ninguém interessa sua vida particular. Você não se respeita, não? Não pode sair por aí expondo sua intimidade e a do seu filho em revistas para todo mundo ler.

— Mas é exatamente esta a idéia: que todo mundo leia. Quanto mais, melhor.

— Angelo, pelo amor de Deus, e se isso cai na mão da mamãe... Ela morre...

— ...

— Já imaginou se a gente abre uma gaveta e encontra uma revista antiga com uma foto do papai contando uma história desta? Eu morria! O que seria da gente? Da nossa família?

— Por favor, não me compare a ele. Nem a ele, nem a ninguém. Quer dizer, então, que nossa vida poderia ter sido ainda pior se ele tivesse sido homossexual? Então caráter não conta nada? Papai nunca teve emprego fixo, nunca gostou de trabalhar, sempre viveu de favor lá em casa e das gorjetas que as pessoas lhe davam quando ele lhes consertava a torneira da pia. Levou uma ótima vida sem responsabilidades, bebeu o quanto quis e fumou até depois do câncer na garganta; era extremamente egoísta e nunca se importou conosco.

Dei uma bicada no café para molhar a palavra e recompor o fôlego e fiquei de pé para sair, como na novela.

— Onde pensa que vai? Eu ainda não acabei.

— Mas eu já. Quando tiver algo interessante para conversar, me chame. Até mais.

Entrei no carro, abracei o volante e dei uma bela chorada antes de ligar o motor. Quando cheguei em casa, já não havia mais o menor resquício de rancor no meu coração.

Mas a tal reportagem também produziu louros ainda mais reluzentes. Para minha total surpresa e estupefação, uma noite doutor Siro Darlan telefonou dizendo que tinha lido a reportagem e que, se antes ele tinha admiração e respeito por mim, agora tinha virado meu fã. Disse que eu havia sido o primeiro homem solteiro no Rio de Janeiro a quem a adoção de um menor houvera sido concedida, que, desde que começara a falar sobre adoção nos canais de televisão, na imprensa escrita e falada, sua equipe já havia concedido catorze novas guardas, tutelas, e adoções a homens em situação civil semelhante à minha. Havia mais não sei quantos em processo de triagem. Quem sai ganhando são as crianças, que passam a ter chances com as quais jamais poderiam sonhar se tivessem permanecido em orfanatos e em casas de acolhimento. Por fim, ainda fez uma gracinha ao perguntar se eu não gostaria de dar um irmãozinho ao Pedro Paulo. Claro que não.

Talvez seja por isso que aceitei participar do programa de entrevista "Altas horas", do Serginho Groisman, que foi ao ar na madrugada de 12 de agosto de 2001, pela Rede Globo. Lá, sentado no meio de uma arena romana, fingindo completa calma, respondi às perguntas mais constrangedoras, que só os adolescentes sabem formular. Ele havia conversado comigo alguns minutos antes do programa começar e me pediu que abordasse o tema homossexualidade, garantindo que não me faria perguntas diretas. Apresentou apenas que, me dada a palavra, eu falasse disso de alguma forma, à minha maneira. Era dia dos pais e o programa falava exatamente sobre formas alternativas de família, suas possíveis composições e os diversos modelos de pais. Então, por que não convidar um pai com orientação homossexual? Que aperto! Que duro ver de repente a vida particular virar assunto de todo mundo. Mas de certa forma eu me cobrava um posicionamento até certo ponto político, com relação à cruzada pela quebra do estigma que paira sobre os homossexuais. Contudo, quando perguntado se eu defendia o direito de homossexuais à adoção, fui enfático em dizer que não posso defender ninguém como uma classe. Há homossexuais de todo tipo, assim como há pessoas com outras orientações sexuais, algumas das quais fazem seus próprios filhos, que não possuem o menor preparo para cuidar de criança. O que eu defendo é o direito igual a todas as pessoas, independentemente de orientação sexual, a todas as prerrogativas reservadas aos heretossexuais, seja adoção, união civil, sucessão, partilha, aposentadoria, pensão, pecúlio, o que for.

Depois da entrevista choveram e-mails e telefonemas. A maioria de apoio, mas, para minha total estupefação, eu também recebi um de um sujeito que se dizia meu amigo recomendando que eu parasse com o descaramento de ficar usando meu filho para me promover na "media". A coisa fica ainda mais complicada de se entender devido ao fato agravante de este cidadão ser também homossexual, embora enrustido. Quero dizer que nunca me interessei pelo *glamour* fácil e passageiro que a popularidade pode trazer. Só me dispus a contar em público sobre minha experiência pessoal visando inspirar outras pessoas, em situação semelhante à minha, a buscar o seu desejo e procurar a adoção.

V

Me mata a hipocrisia de algumas pessoas que sabem o preço de tudo, mas não fazem idéia do valor de nada. As coisas mais legais que conheço e possuo não custam absolutamente nada ou custam pouquíssimo. Quando olho em volta dentro da minha casa, em vez de ficar pensando que preciso trocar o sofá, percebo o quanto vivo bem. Sem esquecer nunca de onde saí, fico achando que a vida tem me dado muito mais do que jamais sonhei conquistar. Não pode deixar de me causar uma certa alegria e surpresa o fato de que, alguns anos após o último ataque de *glamour* academicista, estou chegando a uma conclusão quanto à chave da felicidade plena, que simplesmente consiste em poder manter a geladeira abastecida. Parece pouco? Tente. Não gosto de achar que tive sorte. Não foi sorte. Sorte é o que nos permite ganhar na loteria. O sujeito paga um trocado pelo jogo e fica esperando. A vida não é loteria. A vida não é nem para amadores. Tem que ser profissional, tem que ser de circo. E cair de unhas e dentes, montar a sela contra a ventania e domar o bicho alazão senão ela te embola. Nada cai do céu. Deus dá cru, quem quiser que cozinhe. *Afinal, quem disse que ia ser fácil? Alguém te enganou? Alguém prometeu que você ia tirar de letra? Se vire!*

Falando desse jeito eu me sinto meio panfletário, quase revolucionário. Faça você também a sua revolução. Abra já seu guarda-roupa e jogue fora tudo o que não lhe serve mais, dos tubinhos aos valores fora de moda. Depois vá para a cozinha. E qual o melhor lugar para se começar uma revolução do que a cozinha? Pode começar hoje mesmo. Pegue no telefone e convide dois amigos legais para jantar. Vá agora mesmo às compras e vamos fazer algo diferente.

E gostoso:

Filé de salmão no gengibre

Ingredientes:

1 posta de filé de salmão aberto
50g de gengibre ralado (1/2 batata)
6 dentes de alho grandes
1/2 xícara de azeite de oliva virgem português
pimenta verde em bolinha
2 colheres de alcaparras sem o caldo
1 limão
sal a gosto

Modo de preparar:

Lavar o salmão com o limão e escorrer. Temperar com alho e sal e reservar. Dourar no azeite o alho socado e o gengibre ralado. Jogar por cima do filé. Depois, colocar a pimenta e as alcaparras, tapar com folha de papel alumínio e deixar na geladeira por umas 5 horas. Depois que chegarem os convidados, enquanto bebem um aperitivo, assar em fogo alto por 15 minutos com o papel e mais uns 10 minutos sem ele.

Servir com batatas graúdas cozidas grandes, sem casca.

Questionário para responder sem pensar

1. Será que alguém ainda se lembra de Cora Coralina, Assis Valente, Bidu Saião e Chico Mendes? Alguém sabe o paradeiro dos assassinos de Chico Mendes?
2. Cite rapidamente duas obras compostas por Carlos Gomes. E Villa-Lobos, dá para encarar?
3. Será que alguém se importa mesmo com a campanha contra a fome iniciada por Betinho, e a cruzada ferrenha de dona Lucinha Araujo contra o vírus da aids?
4. Com a música de Edu Lobo e Fátima Guedes?
5. Alguém sabe quem é Guinga?
6. Por onde andam os órfãos de Elis? E os devotos da Divina?
7. Ainda há trabalho escravo no Brasil? E prostituição infantil?
8. Como é mesmo o nome dos arquitetos que projetaram Brasília?
9. Como ficou a questão dos duzentos e noventa poços artesianos que o presidente da Câmara dos Deputados, senhor Inocêncio de Oliveira, mandou cavar em suas propriedades em Pernambuco com recursos da União? Sabem o que, na ocasião, ele respondeu ao ser interpelado pelo Congresso?
10. Será que alguém sabe por onde anda o senhor Rogério Magri e os seus parcos trinta mil?
11. Sabia que os assassinos de Daniela Perez já estão soltos, após seis anos de reclusão?
12. Cadê o ex-ministro da Justiça, senhor Ibrahim Abi-Ackel e seus diamantes contrabandeados?
13. O senhor Ricardo Fiúza e a sua caminhonete, alguém sabe por onde andam?
14. A senhora Zélia Cardoso e os seus mirabolantes planos econômicos, facílimos de explicar e impossíveis de entender, onde estão?
15. O senhor João Alves e sua espetacular sorte e faro para ganhar na loteria. O que aconteceu com ele, alguém sabe?
16. Será que alguém se importa com o futuro de medalhões do tipo Nicolau dos Santos Neves e o escândalo do superfaturamento na construção do prédio do Tribunal Regional do Trabalho de São Paulo?
17. E o senhor Sérgio Naya, será que vai para a cadeia? Quem, daqui a alguns anos, ainda se lembrará que ele enganou as pessoas ao

vender um prédio construído com material de péssima qualidade e que, por isso, caiu fazendo vítimas fatais?
18. Será que ninguém se deu conta de que a indústria cinematográfica brasileira foi esmagada pelas megaproduções americanas?
19. Será que dá mesmo para competir no mercado com produções que custam duzentas vezes mais que as nossas?
20. Não faz tanto tempo assim, ouvíamos música francesa, italiana e espanhola no rádio. Será que não há mais nada em outras línguas que valha a pena ser tocado?
21. Por que tudo tem que ser em inglês? Hoje, artistas brasileiros precisam se organizar em sindicato para reivindicar que se toque música nacional nas FMs. Se não pagar jabá, não toca mesmo.
22. Até mano Caetano já nos alertou para os trinta milhões de meninos abandonados no Brasil. Há programas eficazes de ajuda a essa gente? O que é que se faz por eles?
23. Será que dá mesmo para criticar as professoras semi-alfabetizadas do ensino público quando sabemos que ganham o equivalente a cem dólares americanos por mês? Será que elas comem? O quê?
24. Será que não dá mesmo para deixar os índios em paz, os verdadeiros e legítimos donos desta terra?
25. Sabia que urna eletrônica também se frauda?
26. E o estado de guerrilha urbana em que vivemos nas grandes cidades? Você sabia que certas favelas do Rio de Janeiro possuem canhões antiaéreos tão potentes que tornam sua supervisão de helicóptero impraticável? Todos sabemos o nome e o endereço dos principais traficantes, os lugares que freqüentam, quantos quilos comercializam, seus lucros etc., viraram estrela de noticiário e desfrutam de popularidade de fazer inveja a qualquer político. Por que ninguém os prende?
27. E os grupos de pagode que pipocam à razão de três por semana, trazendo em comum somente a péssima qualidade musical e a esperteza de faturar em cima dos dotes físicos de lindas jovens? Sinceramente, acho que essas meninas não fazem nada pelas mulheres, prestam é um belo desserviço àquelas que lutam para dissociar a figura da mulher do símbolo sexual. Pergunte à Rose Marie.
28. Por que temos sempre que estar nos prendendo à pequenez, ao comezinho descartável?

Francamente, tudo isso é tão mais importante do que a sexualidade, que fico surpreso com o tempo que se dedica a temas como orientação sexual, que deveria ser exclusividade das pessoas envolvidas. Para mim, as questões que envolvem o país, o decoro dos nossos governantes, o erário público e o bem-estar social superam de longe essa pequenez de espírito.

Eu tenho a minha sexualidade e Pedro Paulo tem a dele e isso é inalterável. Até concordo que a dele ainda está em formação, mas estou convencido que o vetor já está apontado. Qualquer que seja sua orientação, ela já existe e não vai ser mudada. Mesmo que eu o educasse para ser gay, se isso existisse, o máximo que eu conseguiria é fazer com que ele me odiasse para sempre pelo vexame. Sem esse papo de que o senhor começou a se sentir atraído por rapazes aos quarenta e cinco anos, casado, filhos criados; e a senhora, por favor, me poupe dessa história de ter se apaixonado por uma mulher porque o casamento não ia bem. Ninguém *vira* gay, ou *vira* lésbica ou *vira* heterossexual. Se cada pessoa que sofresse uma desilusão no amor de repente se interessasse por parceiros do mesmo sexo – ou, no caso dos gays e lésbicas, pelo sexo oposto –, estaria formado o maior angu de caroço da história. Aliás, de acordo com as estatísticas, e Hite confirma, há mais ou menos dez cento de chance de que Pedro Paulo venha a ser gay, qualquer que seja o meio onde esteja inserido. Se for, estou seguro de que nada tenho a ver com isso. Não sentirei nem culpa, nem remorso, nem orgulho. Não receberá como prêmio uma viagem à Califórnia. Mas também não irá submeter-se a tratamentos humilhantes de condicionamento, psicoterapias de aversão, nem será exorcizado na Igreja Universal, como ainda é o costume em algumas famílias. Juro que não receberá injeções de insulina para induzir ataques epiléticos, na famigerada, e graças a Deus extinta, convulsoterapia para correção de "desvios sexuais", tão comum no Estado Novo. Não terá que assistir em vídeo por horas a fio depoimentos de sorridentes ex-gays convertidos, ungidos pela graça, casados com ex-lésbicas, idem, cheios de filhos. Não vai levar choque elétrico nem surra com réstia de alho. Parece engraçado? Tudo isso já foi relatado. Conheci dezenas de rapazes para lá de alegres *(alegres por quê, bolas?)*, a quem não consegui impedir que me contassem as histórias escabrosas de suas vidas, em que aparecem fatos bizarros envolvendo tortura física e psicológica por parte da família, grupo religioso, colegas de escola e de trabalho, e outros.

7
Militante, eu?

I

Por cinco anos participei assiduamente das oficinas de sexta-feira do Grupo Arco-Íris de Conscientização Homossexual onde se trabalham temas que vão da auto-estima e saúde a experiências traumáticas, de relações familiares à emancipação dos homossexuais, amor, desejo, culpa etc., temas corriqueiros que qualquer outro grupo poderia estar discutindo numa sexta-feira à noite, se não tivesse nada melhor para fazer. Era um compromisso semanal quase religioso e, não obstante as divergências, eu não poderia negar que minha auto-estima aprendeu a respirar alma nova depois que se falou sobre esse tema. Lá ouvi depoimentos que fariam corar Jean Genet e matariam de inveja Edgar Alan Poe. Muitas vezes questionei a validade do movimento, criticando as passeatas dizendo que as revoluções devem ser promovidas numa esfera particular: cada um fazendo a sua, em casa, no trabalho, no grupo social, respeitando-se e fazendo-se respeitar enquanto profissionais e por suas qualidades de caráter, argumentei que ninguém nunca viu passeata de gordos em cadeira de rodas, exigindo respeito e visibilidade, e ouvi diversas respostas, umas mais ou menos convincentes que outras; entre elas:
"Porque gays e lésbicas são discriminados em casa e no trabalho e porque nossos gestos são mais importantes do que quem somos e, se somos humilhados e assediados, isso é problema nosso, e se somos atacados, fomos nós que provocamos, e se levantamos a voz, estamos querendo aparecer, se curtimos o prazer do sexo, somos uns pervertidos, se temos aids, nós merecemos, se marchamos com orgu-

lho nas passeatas, estamos é querendo recrutar crianças e desarticular a família brasileira, a Igreja e o Estado, e se queremos ter filhos, somos considerados pais inadequados, e se nos levantamos por nossos direitos, estamos extrapolando nossos limites, e porque somos forçados a constantemente nos questionar a nós próprios enquanto pessoas humanas, e se nunca tivemos relacionamentos com pessoas do sexo oposto é porque nunca tentamos e se temos um relacionamento com uma pessoa do mesmo sexo, ele não é reconhecido ou validado e ouvimos sempre dizer que nosso amor não é 'real', e se nos declaramos homossexuais, estamos simplesmente passando por uma fase; e porque história gay e lésbica é virtualmente inexistente na literatura e porque a homofobia é sancionada pela corte suprema dos tribunais e... e tantos e tantos motivos é que faço parte do movimento para direitos civis de gays e lésbicas." Dizer o que disso? A adoção parece ter sido a substituição ideal, o tal motivo de que eu precisava para deixar de ir às reuniões.

Eu não poderia falar de auto-estima sem narrar um fato curioso ocorrido alguns meses após a chegada do Pedro Paulo. Era um fim de tarde de domingo e eu o levei para passear em Ipanema. Andamos pelo calçadão até que chegamos à Bolsa de Mercadorias e Futuros, vulgarmente conhecida como Bolsa, um trecho de praia situado em frente à rua Farme de Amoedo, mais precisamente um pouco à esquerda, em frente a um prédio com fachada de vidro fumê, onde morou JK. Nesse pedaço de areia se reúne o microcosmo da nata dos rapazes cariocas que preferem a companhia de outros rapazes para propósito romântico e sexual. São, em sua esmagadora maioria, extremamente bonitos, exibindo corpos que parecem ter sido projetados em prancheta. Depois de anos fantasiando sobre encontros impossíveis, fritando os miolos nas areias escaldantes daquela praia, parei repentinamente de freqüentar a famosa Bolsa – nome tomado emprestado ao mercado de valores devido à semelhança na atividade ali exercida, regida pelas inflexíveis leis de oferta e procura –, depois que comecei a me sentir como um naco de alcatra, enjeitado, pendurado num gancho de açougue. Nem quando eu tinha vinte anos, no auge do vigor físico e no bom do frescor da juventude, eu me considerava bonito – nem pelos padrões mais complacentes de beleza. Sempre brinquei com meus amigos dizendo que se eu me encontrasse pela rua, eu não teria a menor chance. Mas nesse dia resolvi descer à areia e ver se encontrava algum conhecido. Eu estava/estou orgulhoso do meu filho e queria mostrá-lo a todo mundo. Qual não foi a minha surpresa, entretanto, quando de lá veio um sujeito chamado Nelson, conhecido no pedaço não apenas pelas belas pernas, mas porque cortava o cabelo de uma alegre e esperançosa clientela nas areias da praia. Quando me viu, deixou cair a tesoura e veio ao meu encontro. Perguntou-me por que eu andava sumido; meu cabelo já comprido e em constante desalinho era sempre prato cheio para gozação. Quando expliquei que agora tinha um filho, ele ficou estupefato e reagiu de maneira bastante negativa à novidade.

– Esse juiz só pode estar louco para dar uma criança para um gay criar. Ou então anda querendo aparecer. O Siro Darlan não pode perder uma oportunidade de se autopromover.

Se isso é o que ele pensa de si, o que então estaria pensando de mim? Onde é que anda a auto-estima desse cidadão? Ele não podia estar falando isso de ninguém a não ser de si próprio. Fui embora sem dar a resposta que ele merecia, achando que estava na praia errada, mas sentindo um grande dó do cara. O dedicado cabeleireiro precisava urgentemente de apoio psicológico e eu, por pura maldade, simplesmente virei as costas e fui embora.

Por outro lado, se Pedro Paulo não for gay, só espero ter forças para agüentar o tranco quando entrar no quarto dele e der de cara com um pôster da Carla Perez segurando o *tchan*, ali na parede, bem ao alcance da boca. Secretamente, tenho a impressão de que o Pedro é heterossexual e acho isso bom, pois deve dar menos trabalho ter essa orientação, já que o mundo foi projetado para eles. Tudo segue o ritmo natural de aceitação da heterossexualidade, do cinema aos restaurantes, da escola aos grupos religiosos. Mas muito mais importante do que tudo isso, espero que ele aprenda a ter orgulho das coisas que dependem de sua garra, determinação, trabalho, vontade de vencer, persistência e valores afins. E só.

Orientação sexual não depende de nós, é como o tipo de cabelo, compleição física ou a cor dos olhos. Portanto, não há do que se gabar; não há feito algum nisso. Tampouco há do que se envergonhar, mas orgulho não é o oposto de vergonha. Sexualidade é atributo neutro: não é digno de um nem do outro. O jeito é aceitar com um mínimo de drama. Xô, neurose! Espero saber sempre respeitar sua privacidade e individualidade e permitir que ele desenvolva sua personalidade e sexualidade de forma tranqüila. E só consegui vislumbrar a possibilidade de adotá-lo depois que isso ficou bem claro para mim.

Exatamente da mesma forma que as pessoas heterossexuais não escolhem a orientação de sua atração sexual, os homossexuais também não escolhem a sua. É como diz um amigo meu toda vez que lhe perguntam se é uma questão de escolha consciente: "Por que eu iria escolher algo que aterroriza meus pais, abala a estrutura da minha família, algo que poderia arruinar minha carreira, algo que a minha religião condena, algo que faria alguém me convidar a me retirar de um restaurante diante do primeiro sinal de demonstração de afeto, algo que poderia me custar minha vida se eu ousasse passear de mãos dadas com meu namorado?".

II

A discussão sobre as origens da homossexualidade data do final do século XIX, quando Magnus Hirschfeld, fundador do primeiro movimento para a defesa dos direitos de homossexuais na Alemanha, expressou sua crença de que a homossexualidade pudesse ter origens biológicas. Atualmente, após algumas gerações aceitando o modelo psiquiátrico para as origens da homossexualidade, cientistas estão mais uma vez concentrando seus estudos nas origens biológicas e genéticas para a sexualidade humana. Embora nenhum estudo ainda tenha concluído inequivocamente que a orientação sexual é definida biológica ou geneticamente, as evidências apontam naquela direção. Isso, de certa forma, preocupa-me, pois, uma vez identificado o gene responsável por esse "desvio" de sexualidade, daí a pouco poderá ser manipulado, extirpado ou alterado de acordo com o gosto do freguês. Casais mais radicais poderão optar pela descontinuidade da gestação, deslocando, assim, o alvo de sua neurose.

De acordo com Chandler Burr, as evidências, embora preliminares, apontam na direção de uma base genética e biológica, para toda e qualquer orientação sexual. Isso se evidencia no trabalho dos cientistas Michael Bailey e Richard Pillar, que vêm desenvolvendo pesquisa com grupos de gêmeos. Por exemplo, eles descobriram que entre os gêmeos idênticos separados na infância, se um dos irmãos é homossexual, o outro tem aproximadamente cinqüenta por cento de chance de também ser homossexual. Entre gêmeos bivitelinos, se um dos irmãos é homossexual, há 16% de chance de o outro também ser gay ou lésbica. Entre irmãos adotados, se um deles é gay ou lésbica, há 9% de chance de que outro venha a ser também homossexual, o que se aproxima da incidência estatística normal na população em geral.

Chandler afirma que há outros fatores que contribuem para a orientação sexual, "os quais podem ser biológicos – que não genéticos – ou fatores ambientais". "Fatores ambientais; ele explica, "é um termo cujo sentido vem recentemente passando por radical metamorfose. Antigamente ele significava experiências amplas, discretas, identificáveis, como, por exemplo, ter tido contato com pessoas homossexuais quando criança. Agora já percebemos por 'ambiental' todo e qualquer estímulo sensorial que todas as pessoas experimentam pelo simples fato de estarem vivas e viverem em sociedade". Chandler conclui que "o componente biológico da orientação sexual é, de fato, determinado no nascimento. E sabemos de forma conclusiva que não é nem alterável nem uma questão de escolha".

Cesare Lombroso (1836-1909), um dos pioneiros no campo da antropologia criminal, defendia a teoria do *delinqüente nato*, cujo fragilizado sistema nervoso o predispunha a um comportamento degenerado, que incluía a propensão à mutilação, tortura, homossexualidade e a fazer tatuagens no corpo.

Há tantos teóricos e tantas teorias que dão margem para todo tipo de erros e acertos. Até o doutor Freud pisou na bola, pelo menos uma vez, quando afirmou que é possível "criar" um homossexual. Não se pode "criar" absolutamente nada, no que se refere à personalidade. Esse falso conceito é, infelizmente, sustentado por Sigmund Freud, mas hoje já se sabe que é imperfeito e obsoleto. Chega a dar a receita: mãe dominadora e pai passivo, hostil e indiferente. Entre as muitas falhas na teoria de Freud, está o seu fracasso em explicar os incontáveis exemplos de filhos heterossexuais criados por casais que se encaixam perfeitamente ao modelo e aqueles inúmeros gays filhos de pais dominadores e mães passivas. Então general não tem filho gay? Freud também não conseguiu explicar qual combinação dos traços de personalidade de pais leva à produção de uma filha lésbica. Se alguém souber, por favor, comunique-me.

As teorias sobre as origens da homossexualidade abundam em quantidade e a qualidade de suas bases científicas é questionável, mas a que mais me agrada até agora é aquela sustentada pelas igrejas evangélicas: possessão demoníaca. Nada me convence e diverte mais do que a idéia de um sujeito obsidiado 24h por dia pelo maligno, que dita atitudes, desejos e anseios de sua alma. Isso, obviamente, levando-se em conta que o feioso realmente existe e que não só o faraó, mas todos nós, temos alma. Mas qualquer que seja a origem, não faz a menor diferença. O importante é como haveremos de lidar com nós mesmos, o que fazer com a alegria e o ônus de sermos quem somos. E só.

Hoje estou me sentindo introspectivo, sério, quase filósofo. Estou já falando como um raivoso ativista gay, coisa que nunca fui. Numa hora dessas, o melhor que tenho a fazer é ir para a cozinha e partir para o contra-ataque. Só tem uma coisa que dá volta num astral como esse:

Peito de frango com espinafre

Ingredientes:

2 filés finos de peito de frango
1 dente de alho amassado
1 xícara de chá de espinafre cozido
1 colher de sopa de óleo de girassol
1 cebola ralada
3 tomates sem pele e sem sementes picados
1 folha de louro
sal a gosto

Modo de preparar:

Tempere os filés com alho e sal. Recheie cada filé com uma porção de espinafre, prenda bem com um palito e reserve. Enquanto isso, refogue no óleo a cebola e o tomate. Junte a folha de louro e deixe apurar até formar molho consistente. Se necessário, adicione água aos poucos. Coloque os filés, tampe e deixe cozinhar por 15 minutos, ou até que os filés estejam macios. Retire os palitos e sirva acompanhado do molho.

8
A cada dia seu mal

Aos quarenta anos, não tenho companheiro, portanto, durmo só. Já tive muitas experiências amorosas, algumas boas, outras nem tanto. Mas o que são experiências senão o nome que damos aos nossos erros? *À procura de um príncipe, acho que andei beijando sapos demais.* Homem foge de mulher com filho, que dirá de outro homem com filho! Já vi muito namoro terminar quando a garota revela ao namorado que está grávida e tantos outros que nem chegaram a decolar só porque a moça já tinha um filho. Há muito tempo não tenho um relacionamento sério, mas, se aparecer um candidato, já vai saber de cara que tenho um filho, e terá que se preparar para comprar o pacote fechado. E se a coisa funcionasse, eu não hesitaria em fazê-lo freqüentar minha casa, minha família, meus amigos e seria chamado pelo por ser nome pelo menino; nada de metáforas, subterfúgios, nada de titio, "ele é apenas um amigo", essas coisas. Já passei dessa fase. Não estou preocupado em esconder ou provar nada para ninguém, não me interessa o que as pessoas pensam. Sou eu quem saio todos os dias para ganhar minha grana e pagar minhas contas, que não andam moleza. As traduções também me pagam uns caraminguás. Sei que preciso matar um leão por dia para que minha casa continue funcionando a salvo da pindaíba. Chega de hipocrisia. Minha sexualidade não é problema para mim nem para as pessoas com quem trabalho e convivo, portanto, não vem ao caso. Tenho a sorte de trabalhar como instrutor de idiomas com pessoas esclarecidas, que num primeiro instante me escolheram e a quem depois escolhi. Quem ainda se melindra com minha orientação, recomendo um bom psicanalista. É caro e demorado, mas acaba dando resultado.

Infelizmente nem todos têm a mesma sorte. Por motivos que só eles conhecem, certos homossexuais escolhem profissões em que jamais poderiam se declarar abertamente. Conheço um médico urologista muito elegante e forte, dorso esculpido em mármore Carrara, moldado a injeções de esteróide e exaustivas horas malhando ferro em academia, que sofre terrivelmente por não poder apresentar seu namorado aos amigos e funcionários da clínica onde trabalha. Quando há festas, todos comparecem acompanhados de suas namoradas e esposas. Mas ele, sabendo que apresentar o namorado poderia significar a perda do emprego, prefere a segurança e conforto do armário. Numa sociedade machista como a nossa, quem se arriscaria baixar as calças para um médico gay? Num país que deve possuir umas trezentas profissões regularizadas, alguém que escolhe ser urologista enquanto é um gay enrustido só pode estar querendo problemas. Vai gostar de sofrer assim lá em Botafogo!

Problemas todos temos, Pedro Paulo certamente terá os dele um dia, se já não os tem de sobra. Entretanto, acho prematuro ficar especulando que minha orientação sexual talvez possa vir a ser a causa principal de seus problemas no futuro. Isso seria querer chamar sobre mim mais atenção do que o caso merece. Não estou com essa bola toda. Não vou ficar agora me martirizando por questões que ainda nem existem. Ora, não basta a cada dia o seu mal? Se o amor que tenho por ele não for maior do que isso, para que terá servido afinal?

Não há nada mais complacente do que uma folha em branco. Você se senta e escreve. O quê, não importa. De repente alguma coisa foi produzida, mas não podemos nunca nos esquecer que o mesmo papel que vira lista telefônica pode virar bíblia, livro de química, carta ou receita de bolo. Esses escritos só passam a ser uma coisa ou outra de acordo com o que representam para quem os está lendo. Conheço, por exemplo, um sujeito que tem uma relação quase religiosa com o *III Reich*. Sabe na ponta da língua todos os nomes, os detalhes mais sórdidos da vida de Herren Goebbels, Spee, Himmler, Mengele e do patrão deles de bigodinho, as datas, hora do dia em que determinado fato ocorreu e dá detalhes das estratégias militares utilizadas na batalha tal. Lê *Mein Kampf* com a paixão e freqüência de alguém que lê um missário. Não chega a beijar as páginas, como costume em algumas religiões, mas, tal como um membro do apostolado, quase morre de prazer. Quem garante que neste momento não tem alguém se masturbando enquanto olha para um livro de história do Brasil? Quem há de dizer que ele não tem o direito?

9
Sobrevivente

I

Todas essas coisas eu conto com a autoridade e o aval de quem vive vida de sobrevivente. Sou um sobrevivente de mim mesmo, portanto eu me outorguei o direito de dizer o que bem entender, usando as tintas que melhor compuserem meu estilo.

Dois dias antes do Natal de 1989, aos vinte e nove anos, sofri uma formidável desilusão amorosa e, decidido a abreviar tanto sofrimento, sentei-me, às duas da manhã, sobre a murada de uma ponte, disposto a me atirar nas águas geladas do rio Meno, em Frankfurt. Enquanto fazia mentalmente o inventário da minha tragédia pessoal, passou uma senhora de seus quase oitenta anos, e, certamente, notando do que se tratava, pediu permissão para me fazer uma única pergunta:

— Se a vida não faz sentido, quem te garante que a morte fará? Se quiser podemos conversar sobre isso.

Disse aquilo com inflexão reta e sem qualquer vestígio de emoção na voz. Depois disse que ela própria havia perdido o jovem marido e dois filhos pequenos na guerra, passou fome e trabalhou por dez anos feito escrava, como Trümmerfrau (mulher sobrevivente da Segunda Guerra), na reconstrução daquele país e que, mesmo assim, havia sobrevivido. Disse que viver não passa de um exercício diário de encher os pulmões de ar, apertar os olhos e mergulhar, e que tinha feito isso pelos últimos cinquenta anos. De repente, virou-se e foi-se embora. Era o alento de que eu precisava para dar fim àquela cena patética de filme de última categoria. Enquanto a velha senhora desaparecia na escuridão, terminei a cena e desci da ponte, respirando ar novo. Tinha feito ali minha opção pela vida. Na verdade, nunca desejei morrer. Aquele acesso de privação de sentidos, causado basicamente por minha própria ignorância – e teria sido de péssimo gosto houvesse eu concluído meu intuito –, foi mais como uma sangria, uma depuração. Saí dali aliviado e certo de que essa página estava para sempre virada. Jamais tornei a contemplar tal mórbida alternativa.

Além disso, por quase vinte anos, fui vítima de horrorosas crises de pânico, as quais eu não desejaria nem a meu pior inimigo, tivesse eu algum. Tive a sensação de estar à beira da morte tantas vezes, em tantos lugares e em situações tão diversas, que quando a própria chegar talvez eu a olhe por sobre os ombros e nem me espante ante o gosto de *déjà vu* na boca. Não acho que possa haver nada mais terrível do que ter de sair correndo de um restaurante e ir desmaiar na calçada; estar andando de ônibus e, de repente, perder o controle do esfíncter e ter de voltar para casa sujo, arrasado e com vergonha e raiva; parar no engarrafamento dentro do túnel e perder a visão e urinar na calça ao volante; receber amigos para jantar e ter que sair correndo da mesa para ir vomitar no banheiro. Tudo acontecendo subitamente e sem nenhum motivo aparente. A síndrome do pânico é uma doença tão capciosa, que suas vítimas se vêem transformar em exímios atores para esconder as crises; tornam-se especialistas na arte de dissimular, arrumar desculpas para escapar sem despertar suspeitas: esqueci o carro aberto, deixei o fogo ligado, me deu uma dor de barriga de repente, minha pressão caiu. Será que alguém acredita? É refratária a tratamento medicamentoso: no início as drogas fazem mais mal do que bem; as crises recrudescem, intensificam-se e se tornam mais constantes. Só com muito custo resisti à introdução dos remédios, mas hoje tenho uma vida muito diferente daquela que levei por tantos anos. Mas essa mudança só se deu quando, por pura falta de escolha, criei coragem de arriscar uma visita ao psiquiatra, ao qual presenteei com uma pasta de resultados de exames médicos na primeira consulta. Percorri durante anos o calvário de médicos de todas as especialidades: cardiologista, por causa da taquicardia, palpitações, formigamento nas extremidades, dormência no braço esquerdo, pontadas no peito, sensação de enfarto; urologista, por causa do descontrole urinário e disfunção erétil; clínico geral, para as diarréias e vômitos; proctologista, por causa da perda do controle do esfíncter;

oftalmologista por causa de midríase idiopática e perda repentina e temporária da visão; otorrinolaringologista, para investigar labirintite e diminuição da audição; gastroenterologista, por causa da queimação no estômago; neurologista, para fazer eletro, entre tantos outros especialistas. Fiz centenas de exames e visitei dezenas de médicos – não me lembro os nomes e nem a quantos me submeti – e todos me diziam que eu não tinha nada, minha saúde estava perfeita, mas nenhum deles suspeitou de conversão histérica. Nem eu. Passei por tudo isso no mais absoluto silêncio, por que isso também faz parte do quadro. A lista de sintomas é praticamente interminável, e aos hipocondríacos-esponja eu aconselho a nem se informarem do leque de variedades com que o inconsciente caprichosamente nos presenteia. Sei do caso de uma mulher que ficou cega e paralítica só para não ter que se atirar pela janela. Veja de quanto trabalho me poupei ao buscar ajuda, ainda que seis anos após o incidente da ponte. Nessa época, iniciei tratamento com paroxetina e psicanálise e me vi renascer. Descobri uma *joie de vivre* da qual já nem mais me lembrava, passei a sair de casa, tomar banho, cortar cabelo, fazer barba regularmente, viajar, entrar em restaurantes e shopping-center, e até adotei uma criança. Mas não ouso dizer que estou curado. A tênue linha entre a estabilidade emocional e a depressão continua borrada como sempre e ainda me assusta.

II

Em fevereiro de 2000 bateu à minha porta "tia" Hilda, uma senhora que, embora tenha minha idade, aparenta ser minha tia e, menos por isso do que por respeito e força do costume, era chamada como tal. Ela havia trabalhado para mim há uns dois anos fazendo faxina. Trazia pela mão a sua netinha, Cássia Rayelle (!), de quatro anos. Havia chegado recentemente de Teresina, Piauí, sua cidade natal, onde estivera no final do ano anterior visitando sua filha. Ao ver a péssima situação na qual a menina vivia, decidiu trazê-la para o Rio, onde, supunha, poderia dar a ela melhores condições de crescer e ser educada. "Tia" Hilda trabalha como faxineira em um hospital, no bairro vizinho de Botafogo, e no final de janeiro daquele ano precisou pagar do próprio bolso para que uma vizinha sua no subúrbio tomasse conta da garota enquanto ela ia trabalhar. Não foi preciso mais que um mês para ela concluir que não poderia arcar com os custos de uma dependente. Trazia Cássia numa mão e, na outra, uma sacola de supermercado contendo algumas de suas roupinhas.

– Vim aqui pedir para você me ajudar, seu Angelo. Será que você pode ficar com ela por uns tempos? Não tenho ninguém mais para pedir isso. Sei que o senhor é um homem decente e vai saber cuidar dela até melhor do que eu. Venho sempre visitar, disse com voz firme, mas cheia de emoção.

– Eu sei da sua situação, mas a senhora precisa ver que já tenho um garoto e não teria condições, eu próprio, de pagar escola particular para ela, tia. Sou professor, ganho pouco.

– Não precisa, já conversei com irmã Rita, do Romão Duarte, e ela arranjou uma vaguinha para ela na creche. Ela pode dormir em qualquer lugar lá no quarto dele.

– Mesmo assim, tia. Preciso de algum tempo para pensar.

Disse isso sem muita certeza e fui até a cozinha beber um gole de água, pois a palavra já me sumia na garganta.

Nisso, a menina veio atrás de mim e eu ofereci um iogurte, o qual ela tomou avidamente e depois me abraçou a perna com a boca toda suja. Voltei à sala com minha decisão pronta.

– Tia, eu já fiz muita coisa certa e muita coisa errada na minha vida. Acho até que mais errada do que certa. Não tenho certeza se estou tomando a decisão certa agora, mas pode deixá-la aqui que eu cuido dela. Se não der certo, a senhora vem buscar.

Desde esse dia ela divide o quarto com o Pedro Paulo; e a babá, que é prima da mãe da Cássia, descobriu que agora precisa trabalhar mais. Cássia passa o dia todo na creche, e só chega em casa às 17:30h. Há mais de um ano morando conosco, nunca tivemos problemas de qualquer espécie. A menina é um doce, canta, dança, pega na barra da saia e se desdobra para conseguir elogios e palmas, muitas palmas para as apresentações quase diárias no meio da sala; conta historinhas e fala o que deve e o que não deve. É uma alegria a mais na casa, é o tempero que faltava. É o oposto do Pedro Paulo, menino casmurro e brigão, mas dessa união ele saiu ganhando muito, pois desenvolveu a fala e o trato na convivência. Não é chamada de filha porque tem pai e mãe, mas é tratada como se fosse. Para todos os efeitos eu sou o titio. Tia Hilda está sempre aqui visitando e acompanhando seu crescimento. Às vezes tem tanta gente aqui em casa que fica parecendo a estação da Luz, nos bons tempos – nada parecido com o cemitério que foi isso aqui por tantos anos.

Este texto foi escrito como uma carta-catarse, meio que um catar-se, tendo em mente um acerto de contas entre mim e Pedro Paulo. No futuro, quando ele ler estas linhas, espero que entenda melhor seu pai e quiçá um pouco mais de si próprio. Talvez sirva para me redimir de parte dos meus erros e referendar minhas loucuras.

Por pura sorte, não tenho qualquer pretensão literária.

Mas no caso de você ter um ataque de extrema humildade, como o que estou experimentando agora, vá correndo à feira e compre os seguintes ingredientes, que vou ensinar a se livrar dela em dois tempos.

Frango assado do amor
(receita minha mesmo)

Ingredientes:

1 kg de sobrecoxa de frango
50g gengibre (olha ele aí)
1 colher generosa de mel
1 colher de shoyo
1 cebola
1 limão
pimenta malagueta
alho e sal a gosto

Modo de preparar:

Lavar neuroticamente os pedaços de sobrecoxa.
Lavar com limão e reservar. Temperar com alho, sal e pimenta. Bater no liquidificador todos os outros ingredientes; depois coar e reservar. Cobrir o frango com uma folha de alumínio. Assá-lo em forno médio, por meia hora. Abrir, destapar e jogar por cima o molho coado. Assá-lo aberto em forno bem quente por mais 10-15 minutos.
Servir com arroz branco feito na hora.
Uma salada de aipo e maçãs verdes também cai bem.
Não esquecer o vinho branco.

10
Poema

E para terminar, escolhi um poema da atriz e poetisa capixaba Elisa Lucinda que ilustra bem o meu momento:

Chupetas punhetas guitarras

Choram meus filhos pela casa
Fraldas colos fanfarras
Meus filhos choram querendo
Talvez meu peito
Ou talvez o mesmo único leito
Que reservei para mim
Assim aprendi a doar com o pranto deles
Na marra aprendi a dar mundo a quem do mundo é
A quem ao mundo pertence e de quem sou mera babá

Um dia serei irremediavelmente defasada, demodê
Meus filhos berram meu nome função
Querendo pão, ternura, verdade
E ainda possibilidade de ilusão
Meus filhos cometem travessuras sábias
No tapa bumerangue da malcriação
Eu que por eles explodi boceta afora afeto a dentro
Ingiro sozinha o ouro excremento desta generosidade

Aprendo que não valho nada em mim
Que criar pessoa é criar futuro

Não há portanto recompensa, indenização,
Mesquinhas voltas, efêmeros trocos.
Choram pela casa e eu ouço sem ouvidos
Porque meus sentidos vivem agora sob a égide da alma

Chupetas punhetas guitarras
Meus filhos babam conhecimentos
Da nova era no chão de minha casa
Essa deve ser minha felicidade
Aprendo a dar meu eu,
Aquilo que não tem cópia
Tampouco similar

E o tempo, esse cuidadoso alfaiate, não me conta nada
Assíduo guardador dos nossos melhores segredos
Sabe o enredo da história
Vai soprando tudo aos poucos e muito aos pouquinhos
Faz lembrar que meu pai também foi pequenininho
Que só por ele ter podido ser meu ontem
Só por ele ter fodido com desesperado desejo minha mãe
Um dia existi

Choram meus filhos pela nasa
Onde passeamos planetas e reveses
Eu escuto seus computadores e limpo suas fezes
Faço compressas pra febre,
Afirmo que quero morrer antes deles
Assino documento onde aceito de bom grado
Lhes ter sido a mala o malote a estrela guia
Um dia eles amarão com a mesma grandeza que eu
Uma pessoa que não pode ser eu
Serão seus filhos suas mulheres seus homens

Eu serei aquela que receberá sua escassa visita
Não serei a preferida
Serei a quem se agradece displicente
Pelo adianto, pela carona
De poderem ter sido humanidade

Choram meus filhos pela casa
E eu sou a recessiva bússola
A cegonha a garça
Com um único presente na mão:
Saber que o amor só é amor quando é troca
E a troca só tem graça quando é de graça

11
Bibliografia

COSTA, Ronaldo Pamplona da. *Os onze sexos: as múltiplas faces da sexualidade humana*. São Paulo, Gente, 1994.

CRISP, Quentin. *How to have a lifestyle*. Los Angeles, Alyson Publications, 1998.

FREUD, Sigmund. *Fragen der gesellschaft ursprünge der religion – Das unbehagen in der kultur*. Frankfurt am Main, Conditio Humana, 1974.

GREEN, James. *Além do carnaval*. São Paulo, Unesp, 1999.

LEÃO, Danusa. *Na sala com Danusa*. São Paulo, Siciliano, 1997.

LUCINDA, Elisa. *O semelhante*. São Paulo, Massao Ohno, 1994.

MARCUS, Eric. *Is it a choice?* San Francisco, HarperSanFrancisco, 1993.

Revista *Human Reproduction*

SACKS, Oliver. *O homem que confundiu sua mulher com um chapéu*. São Paulo, Companhia das Letras, 1992.

WILDE, Oscar. *The epigrams of Oscar Wilde*. Twickenham, Tiger Books, 1996.

Revista *Marie Claire* nº 115, outubro, 2000.

Grupo Arco-íris de Conscientização Homossexual [www.arco-iris.org.br] (21) 518-3995 e 293-5322

**impresso na
press grafic
editora e gráfica ltda.**
Rua Barra do Tibagi, 444
Bom Retiro – CEP 01128-000
Tels.: (011) 221-8317 – (011) 221-0140
Fax: (011) 223-9767